Christina Vaih-Baur · Sonja Kastner (Hrsg.)

Verpackungsmarketing

Christina Vaih-Baur · Sonja Kastner (Hrsg.)

Verpackungsmarketing

Fallbeispiele · Trends · Technologien

Deutscher Fachverlag

Bibliografische Information Der Deutschen Bibliothek
Die Deutsche Bibliothek verzeichnet diese Publikation in der
Deutschen Nationalbibliografie; detaillierte bibliografische Daten
sind im Internet über http:/dnb.de abrufbar.

Reihe Edition HORIZONT
ISSN 1437-8744
ISBN 978-3-86641-213-2
© 2010 by Deutscher Fachverlag GmbH, Frankfurt am Main
Alle Rechte vorbehalten.
Nachdruck, auch auszugsweise, nur mit Genehmigung des Verlags.
Umschlag: Bayerl & Ost GmbH, Frankfurt am Main
Satz: TypoDesign Hecker, Leimen
Druck und Bindung: betz-druck GmbH, Darmstadt

Inhalt

Vorwort 7

Kapitel 1
**Die Verpackung als Marketinginstrument –
Anforderungen und Funktionen** 9
Christina Vaih-Baur

Kapitel 2
**Marken – Labels – Brands
Was leistet die Verpackung zur Markierung
eines Produktes?** 27
Sonja Kastner

Kapitel 3
**Vertriebs- und Absatzwege von Verpackungen –
Ein Interview mit Ekart Kuhn, Ekupac GmbH** 43
Thordis Eckhardt

Kapitel 4
**Public Relations für Verpackungen –
Kommunikationswege und Instrumente** 57
Thordis Eckhardt

Kapitel 5
**Trends im Verpackungsdesign –
Versuch einer Kategorisierung** 83
Andrea Hennig

Kapitel 6
**Grün gewinnt – Neue Impulse für nachhaltiges
Verpackungsdesign** 99
Andrea Hennig

Kapitel 7
**Quadratisch. Praktisch. Gut –
Textgestaltung von Verpackungen** 111
Sonja Kastner

Kapitel 8
Verpackungen multisensuell stimmig gestalten – Mit Klang und Duft Mehrwert erzielen 131
Christina Vaih-Baur

Kapitel 9
Smart Packaging – Intelligente Verpackungen im Supermarkt von morgen 149
Andrea Hennig und Sonja Kastner

Kapitel 10
Die Kraft des Materials – Innovationspotenziale nutzen 169
Andrea Hennig und Christoph Jung

Kapitel 11
Verpackungsforschung – Ein Interview mit Prof. Dr. Horst-Christian Langowski, Leiter des Fraunhofer-Instituts für Verfahrenstechnik und Verpackung (Fraunhofer IVV), Freising 189
Thordis Eckhardt

Die Autoren 205

Vorwort

Welchen Anteil hat ein Schuhkarton, der nach Entnahme des Produktes faszinierende Geschichten und Spielmöglichkeiten offenbart, am Verkauf? Wie viel ist eine Verpackung wert, die uns rechtzeitig an die Einnahme eines (lebenswichtigen) Medikaments erinnert und über unser Mobiltelefon ein monatliches Protokoll an den behandelnden Arzt übermittelt? Wie kommt es, dass Deutschland Exportweltmeister für Verpackungsmaschinen ist, aber deutsches Verpackungsdesign nur selten international prämiert wird?

Unsere tägliche Versorgung mit Waren aller Art ist ohne Verpackungen nicht möglich. Die meisten unserer Konsumartikel, aber auch Investitionsgüter, könnten wir ohne passende schützende Hülle weder transportieren und lagern noch wie gewünscht konfektioniert kaufen oder verwenden. Unser *way of life* wird erst mit durchdachten, transportsicheren, technisch einwandfreien und kreativ gestalteten Verpackungen ermöglicht. Verpackungen sind daher ein wesentlicher Bestandteil im Marketing-Mix. Als fünftes „P" steht Packaging für viele Unternehmen und Markenhersteller seit längerer Zeit gleichberechtigt neben den vier klassischen „Ps": Product, Promotion, Price und Place.

Wir wollen in diesem Band zeigen, wie alle am Verpackungsmarketing beteiligten Wissenschaftler, Designer, Hersteller, Vertriebs- und Kommunikationsexperten sich den neuen Herausforderungen knapper Ressourcen und neuer Technologien stellen. Anhand von Fallbeispielen wird demonstriert, welche Verpackungstrends dem ästhetischen Empfinden und der Experimentierfreude der Konsumenten begegnen. Ziel des Buches ist es, Antworten darauf zu finden, welche Technologien und Materialien in der Verpackungsgestaltung eingesetzt werden können, um die Faszinationskraft eines Produktes und seiner Verpackung zu erhöhen und schließlich Imagegewinn und Umsatzsteigerungen zu erzielen.

Vorwort

Wir wollen an dieser Stelle zunächst Frau Quabius vom Deutschen Fachverlag für die unbürokratische und angenehme Zusammenarbeit danken. In besonderem Maße danken wir ferner den Autoren, ohne deren Kooperation und Einsatz diese Publikation nicht entstanden wäre.

Wir wünschen viel Spaß beim Lesen.

Christina Vaih-Baur und Sonja Kastner

Kapitel 1
Die Verpackung als Marketinginstrument – Anforderungen und Funktionen

Christina Vaih-Baur

In diesem Kapitel wird der Begriff Verpackung von Konsumgütern aus einem marketingtheoretischen Blickwinkel beleuchtet. Zunächst erläutern wir, was grundsätzlich unter einer Verpackung zu verstehen ist. Dann werden die Funktionen der Verpackung beschrieben. Auf die spezifischen Anforderungen der Industrie und des Handels wird dabei vertieft eingegangen.

1 Was ist eine Verpackung?

Grundsätzlich ist unter einer Verpackung die äußere Umhüllung eines Erzeugnisses zu verstehen. Sie wird aus Packmitteln und Packhilfsmitteln hergestellt und beinhaltet das Packgut. Packmittel bestehen z. B. aus Papier, Wellpappe, Kunststoff, Metall oder Glas. Auf die Entwicklung von Packmitteln aus erneuerbaren Stoffen konzentrierten sich kürzlich von der EU finanziell unterstützte Untersuchungen: Forscher am dänischen Polymerzentrum entwickelten innovative Verpackungsmaterialien auf der Grundlage von Bioplastik-Polylactid zur besseren Aufbewahrung von Käse. Neu an diesem Material ist, dass es nicht aus Erdöl gewonnen, sondern vorrangig aus Pflanzenprodukten erzeugt wird. Demnach ist Bioplastik vollständig biologisch abbaubar und umweltfreundlicher als Stoffe aus Erdöl. Hier sind weitere Forschungen zu erwarten.[1]

Definition von „Verpackung"

---

[1] Vgl. Innovationsreport: Innovative Verpackungen aus Bioplastik, http://www.innovations-report.de/html/berichte/materialwissenschaften/bericht-53784.html, 08.08.2009

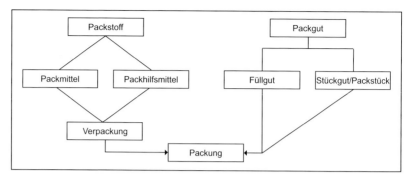

Abb. 1: Wichtige Begriffe bei Verpackungen (in Anlehnung an Koppelmann 2001, S. 505)

Packhilfsmittel   Zu den Packhilfsmitteln zählen z. B. Klebebänder und -stoffe, Einlagen aus Papier oder Kunststoff oder auch Schaumstoffe. Das fertig verpackte Produkt wird als Packung oder Packstück bezeichnet.

Produkte wie Lebensmittel, Kosmetika oder Arzneimittel werden abhängig von ihrer Beschaffenheit und gewünschten kommunikativen Wirkung angeboten,[2] z. B. in:

- Faltschachteln, Kartons
- Beuteln (Papier oder Kunststoff)
- Bechern
- Dosen
- Flaschen
- Schalen
- Tuben
- Siegelrandbeuteln
- Ampullen, Fläschchen
- Blistern
- Kartuschen
- Aerosoldosen
- Eimern, Kanistern
- Fässern

Nach Angaben des Gemeinschaftsausschusses Deutscher Verpackungshersteller (GADV)[3] wurden im Jahr 2007 rund 18,5 Millionen Tonnen Packmittel hergestellt. Im Vergleich zum Vorjahr stiegen die

---

[2] vgl. Koppelmann 2001, S. 505; Neue Verpackung 2008, S. 84, 132–133

Die Verpackung als Marketinginstrument – Anforderungen und Funktionen

Produktionsmengen damit um gut 5 Prozent. Der Produktionswert legte im Vergleich zum Jahr 2006 um knapp 10 Prozent zu und lag so bei ungefähr 30,3 Milliarden Euro.[4] Zu betonen ist allerdings, dass im Jahr 2009 ein geringer Verlust zu verzeichnen ist. Wie sich der Produktionswert entwickelt, hängt von der wirtschaftlichen Konjunktur ab.

Produktionswert von Verpackungen

Für die einzelnen Verpackungswerkstoffe verlief die Entwicklung dabei unterschiedlich: Bezogen auf den Produktionswert konnten im Jahr 2007 sowohl Verpackungen aus Papier, Pappe und Karton als auch Verpackungen aus Metall (Aluminium und Blech) mit rund 11 Prozent den höchsten Zuwachs verzeichnen. Die Kunststoffverpackungen erreichten ein deutliches Plus von 9 Prozent. Auch die Produzenten von Glasverpackungen erreichten einen Anstieg des Produktionswertes um 6,8 Prozent.

Packstoff	2007 (1000t.)	Veränd. zu 2006 (%)	2007 (Mrd. €)	Veränd. zu 2006 (%)
Kunststoffe	4.012	+5,0	13,0	+9,0
Papier, Pappe Karton	8.700	+6,0	9,7	+11,3
Glas	4.080	+4,1	1,7	+6,8
Metalle (Alu, Blech)	1.719	+4,7	5,9	+11,2
Insgesamt	18.511	+5,1	30,3	+9,8

Abb. 2: Packstoffe in Deutschland im Jahr 2007[5]

Die Produktionsmengen waren bei Verpackungen aus Papier, Pappe und Karton im Jahr 2007 also hoch. Die zweitgrößte Packmittelfraktion stellten die Glasverpackungen mit 4,08 Millionen Tonnen dar, dicht gefolgt von den Kunststoffverpackungen mit 4,01 Millionen

Produktionsmengen von Verpackungen

---

[3] Der GADV ist die Arbeitsgemeinschaft der Branchenverbände der Hersteller von Verpackungen aus Papier, Karton und Pappe, Kunststoff, Glas, Metall und Aluminium. Mit rund 900 Mitgliedsunternehmen repräsentieren die Trägerverbände des GADV mehr als 80 Prozent des Produktionswertes der deutschen Packmittelindustrie. Der GADV ist das Sprachrohr der deutschen Verpackungsindustrie – insbesondere zu materialübergreifenden, wirtschaftspolitischen und fachlichen Fragen.
[4] Pfeiffer 2008, 03.04.2008, S. 1–2
[5] Pfeiffer, a. a. O.

Tonnen. Die Metallverpackungen erreichten in 2007 1,72 Millionen Tonnen. Die Wertstoffe teilten sich am Verpackungsmarkt im Jahr 2007 wie folgt auf:

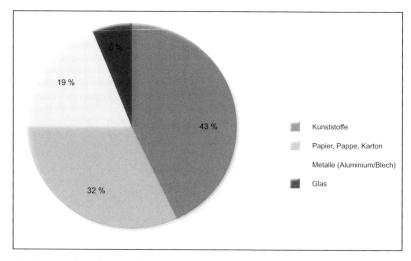

Abb. 3: Aufteilung Packstoffe im Verpackungsmarkt im Jahr 2007[6]

Anstieg der Rohstoff-, Energie- und Transportpreise

Beeinträchtigt wurde die positive Produktions- und Umsatzentwicklung aber durch einen deutlichen Anstieg der Rohstoff-, Energie- und Transportpreise. Die Verpackungsindustrie sah sich einem großen Kostendruck ausgesetzt, Mehrkosten mussten weitgehend von den Verpackungsherstellern getragen werden.[7] Für das Jahr 2009 wurde aufgrund der nachlassenden Nachfrage mit einem deutlichen Rückgang gerechnet.

Arten von Verpackungen

Da eine Verpackung unterschiedlichste Aufgaben erfüllen kann, existieren vielfältige Bezeichnungen. Es ist dabei üblich, dem Begriff „Verpackung" ein entsprechendes Bestimmungswort voranzustellen, um auf einen spezifischen Verwendungszweck oder eine Eigenschaft der Verpackung hinzuweisen. Es kann z. B. unterschieden

---

[6] Pfeiffer, a. a. O.
[7] Pfeiffer, a. a. O.

werden nach der Anzahl der Umläufe in Einweg- oder Mehrwegverpackung oder nach der Eigentumsart in Leih-, Miet- oder Pfandverpackung etc.[8]

Kotler unterscheidet im Hinblick auf Konsumgüter verschiedene mehrstufig zusammengesetzte Arten von Verpackungen[9]:

Arten von Verpackungen

1. Die **Grundverpackung** ist das unmittelbare Produktbehältnis. Sie wird aus unterschiedlichsten Materialien und Formen gebildet. Eine Parfumflasche, in der ein Duft abgefüllt ist, stellt beispielsweise die Grundverpackung dar.

2. Die **Außenverpackung** ist das Material, das die Grundverpackung schützend umgibt. Sie wird vor der Verwendung entfernt und entsorgt. Im Falle eines Parfums ist dies z. B. eine Pappschachtel oder eine Kunststoff- oder gar Aluminiumbox. Sie bietet zusätzlichen Schutz und Platz für die Markierung und Werbung.

3. Die **Versandverpackung** ist die für Lagerung, Kennzeichnung und den Transport erforderliche Verpackung. Beispielsweise werden Parfumflaschen in einem Karton mit Wellpappe mit 20 Einheiten geliefert.

4. Zudem ist die **Etikettierung** ein Teil der Verpackungsgestaltung. Ein Etikett erfüllt nicht nur Dekorationszwecke auf der Grund- und Außenverpackung, sondern dient der Information und Sicherheit. Es kann unterschiedlichste Formen besitzen und nur den Markennamen oder auch umfangreichere, zum Teil auch gesetzlich vorgeschriebene Angaben enthalten. Neben dem Marketingaspekt, den ein aufwendig gestaltetes Label für eine Marke innehat, werden die formbaren Aufkleber auch für den Fälschungs- und Manipulationsschutz eingesetzt. Die Weiterentwicklung der Drucktechnik ermöglicht es hier, neue Funktionen in das Etikett zu integrieren.

---

[8] Weitere Benennungen siehe Neue Verpackung 2008, S. 132
[9] Kotler 2001, S. 764

Einsatz von Schrumpfetiketten

Hierfür zwei Beispiele:[10]
Aktuell werden zunehmend sogenannte Schrumpfetiketten (Shrink Sleeves)[11] für die dekorative Ausstattung von Behältern eingesetzt. Sie werden als Schlauch über den Behälter gezogen und dann unter Hitzeeinwirkung im Schrumpftunnel behandelt. Auf diese Weise passen sie sich jeder Behälterform an.

Abb. 4: Shrink Sleeves bei Andechser Trinkmilch
(Quelle: Andechser Molkerei Scheitz GmbH)

Ein weiteres Beispiel:
Bei einer anderen Neuentwicklung steht die lückenlose Kühlung von Lebensmitteln im Zentrum der Etikettengestaltung. Bei Fleisch und Geflügel kann es beispielsweise gesundheitsschädigend sein, wenn die Kühlung zu lange unterbrochen wird. Hier soll ein spezifisches Etikett, das in mehreren Stufen den Frischegrad eines Lebensmittels anzeigt, Abhilfe schaffen. Bei dieser

---

[10] vgl. interpack Processes and Packaging, Fachartikel Nr. 7: Funktionale Dekoration, http://www.messe-duesseldorf.de/interpack_ca/media/ipo8_Fachartikel_Etiketten_D_FINAL.pdf, 10.07.2009
[11] siehe auch Kapitel 9

Technik werden temperaturempfindliche Druckfarben eingesetzt. Sogenannte Zeit-Temperatur-Indikatoren machen auf einen Blick sichtbar, ob verderbliche Produkte fachgerecht geliefert und aufbewahrt wurden. Sie zeigen also an, ob die Kühlkette jederzeit intakt war, indem sie die Auswirkungen von Temperaturschwankungen in Abhängigkeit von der Zeit dokumentieren. Jeder Indikator ist dabei auf die speziellen Anforderungen eines Produkts hinsichtlich Haltbarkeit und Lagerbedingungen ausgerichtet. Die Etiketten werden auf voll automatisierten Anlagen verarbeitet, auf der sie auf die Verpackung appliziert werden. Ein UV-Filter wird aktiviert sowie die Codierung für die Rückverfolgbarkeit aufgebracht. Die Technologie basiert auf Pigmenten, die im Verlauf der Zeit und bei Temperaturschwankungen ihre Farbe verändern. Etikett oder Aufdruck haben neben dem Zeit-Temperatur-Indikator eine Referenzfarbe. Nach Aktivierung durch eine geeignete Lichtquelle verfärbt sich der Indikator dunkel und wird dann im Verlauf der Zeit und bei Temperaturschwankungen immer heller. Übersteigt die Umgebungstemperatur die vorgeschriebene Lagertemperatur, beschleunigt sich der Aufhellungsprozess. Die Haltbarkeit des Produktes ist abgelaufen, wenn der aktivierte Farbindikator heller als der Referenzfarbton ist. Durch die einmalige Aktivierung ist sichergestellt, dass der Farbumschlag nicht manipuliert werden kann.

Etikettengestaltung bei Kühlprodukten

Was versteht der Gesetzgeber unter einer Verpackung?

Paragraf 3 der Verpackungsverordnung mit dem Stand vom 1. April 2009, die vom Bundesministerium für Umwelt, Naturschutz und Reaktorsicherheit festgelegt wurde, unterscheidet vier verschiedene Arten von Verpackungen:[12, 13]

---

[12] Ministerium für Umwelt, Naturschutz und Reaktorsicherheit: Verpackungsverordnung, 4. April 2009, http://www.bmu.de/files/pdfs/allgemein/application/pdf/verpackv_lesef.pdf, 06.08.2009
[13] siehe hierzu auch Kapitel 3

1. **Verpackungen**: Aus beliebigen Materialien hergestellte Produkte zur Aufnahme, zum Schutz, zur Handhabung, zur Lieferung oder zur Darbietung von Waren, die vom Rohstoff bis zum Verarbeitungserzeugnis reichen können und vom Hersteller an den Vertreiber oder Endverbraucher weitergegeben werden.

Gesetzliche Kategorien

2. **Verkaufsverpackungen**: Verpackungen, die als eine Verkaufseinheit angeboten werden und beim Endverbraucher anfallen. Verkaufsverpackungen im Sinne der Verordnung sind auch Verpackungen des Handels, der Gastronomie und anderer Dienstleister, die die Übergabe von Waren an den Endverbraucher ermöglichen oder unterstützen (Serviceverpackungen) sowie Einweggeschirr.

3. **Umverpackungen**: Verpackungen, die als zusätzliche Verpackungen zu Verkaufsverpackungen verwendet werden und nicht aus Gründen der Hygiene, der Haltbarkeit oder des Schutzes der Ware vor Beschädigung oder Verschmutzung für die Abgabe an den Endverbraucher erforderlich sind.

4. **Transportverpackungen**: Verpackungen, die den Transport von Waren erleichtern, die Waren auf dem Transport vor Schäden bewahren oder die aus Gründen der Sicherheit des Transports verwendet werden und beim Vertreiber anfallen.

Originelle Verpackungen, die eigenständig als Produkt vermarktet werden wie z. B. Tupperware, werden hier nicht behandelt. Auch Verpackungen als Schmuckgegenstand wie auffallende Papiertüten oder -kartons werden nicht thematisiert. Es werden Verpackungen betrachtet, die vielfältige Funktionen für die verschiedenen Marktpartner innehaben, da sie jeweils einen spezifischen Nutzen stiften, indem sie deren Bedürfnisse befriedigen. Die einzelnen Funktionen fallen in unterschiedlichen Phasen im Marketingprozess an und betreffen jeweils andere Marktpartner. Dadurch führen sie zu teilweise gegenläufigen Ansprüchen, die im Rahmen des Verpackungs-Managementprozesses ausgeglichen werden müssen.

2 Welche Funktionen kann eine Verpackung übernehmen?

Eine Verpackung kann unterschiedlichste Funktionen innehaben. Es lassen sich maßgeblich folgende Funktionen unterscheiden:[14]

Funktionen von Verpackungen

- Schutzfunktion
- Dimensionierungsfunktion
- Kommunikationsfunktion
- Informationsfunktion
- Gebrauchsunterstützungsfunktion
- Rationalisierungsfunktion
- Umweltschonungsfunktion

- **Schutzfunktion**
  Eine Verpackung dient nicht nur dem Schutz eines Packgutes, sondern zudem zur Sicherung des Menschen und der Umwelt. Ein Konsument möchte ein unversehrtes Produkt benützen. Hier ist also die Vermeidung einer Beschädigung des Produktes sowohl beim Transport zwischen Hersteller und Handel als auch bei der Produktverwendung durch den Verbraucher relevant. Auch der Schutz des eigentlichen Produktes bis zum errechneten Mindesthaltbarkeitsdatum muss durch die Verpackung gewährleistet werden. So wurde bereits 1963 die Tetra-Brik- und 1965 die Tetra-Rex-Verpackung vom Unternehmen AB Tetra Pak eingeführt. Mittels einer damals neuartigen Beschichtung von Papier mit Kunststoff und einer speziellen Technik zur Versiegelung unterhalb des Flüssigkeitsspiegels konnten Flüssigkeiten nun ohne Kühlung vor dem Verderb geschützt werden. Das Mindesthaltbarkeitsdatum von Milch, Säften oder anderen stillen Getränken wurde damit also erheblich verlängert.

---

[14] vgl. Hansen 2001, S. 180–193; Koppelmann 2001, S. 671–672; Neue Verpackung 2008, S. 132–133; Buchner 1999, S. 1 ff.

Abb. 5: Verschiedene Weine in Tetra Pak-Verpackungen (Quelle: Tetra Pak)

Unterschiedlichste Materialien und Formen stehen heute für einen zuverlässigen Produktschutz sowohl bei der Produktion, beim Transport, der Lagerung als auch bei der Verwendung eines Produktes zur Verfügung. Selbst giftige Substanzen wie Insektenvernichtungsmittel oder Putzmittel werden in sicheren Behältnissen oder Flaschen mit Kindersicherung angeboten. Hier werden also nicht nur die Verbraucher, sondern auch die Mitarbeiter bei der Produktion und im Lager sowie die Umwelt vor gefährlichen oder verdorbenen Substanzen geschützt.

- **Dimensionierungsfunktion**

Verpackungseinheiten

Durch das Bilden und Zusammenfassen von Packungen entstehen Einheiten, die für Lagerung, Transport, Logistik, Vertrieb und Gebrauch notwendig sind. Die Verpackung sorgt für bestimmte Verkaufsmengen eines spezifischen Erzeugnisses hinsichtlich Gewicht, Volumen oder Anzahl.

Am 11. April 2009 fielen aufgrund einer neuen EU-Verpackungsverordnung europaweit die strengen Verpackungsvorschriften, die bislang Einheitsgrößen für viele Produkte des täglichen Bedarfs vorschreiben. Die unterschiedlichen nationalen Regelungen wurden also außer Kraft gesetzt, und Hersteller können nun europaweit die gleiche Verpackung anbieten. Sie dürfen dann Zucker, Milch, Butter, Schokolade, Mineralwasser und Bier in beliebig großer oder kleiner Verpackung präsentieren. Der Kunde kann also zwischen unterschiedlichen Verpackungsgrößen auswählen. Möchte er kostengünstig einkaufen, sollte er allerdings die Preise dieser Produkte genau prüfen. Mittlerweile gelten derartige Vorgaben, die Konsumenten den Preisvergleich erleichterten, nur noch für Wein, Sekt und Spirituosen. Verbraucherschützer befürchten allerdings, dass Verbraucher vermehrt auf „Mogelpackungen" stoßen.

Eine Verpackung sollte also die Verwendungsgewohnheiten der Verbraucher beachten, beispielsweise sollte der Inhalt eines Cremetiegels der typischen Bedarfsmenge entsprechen. Über die Dimensionierung lässt sich ein Angebot von der Konkurrenz unterscheiden. So kann durch kleinere Angebote für Singles oder Großpackungen für Familien eine Differenzierung zum Wettbewerb erfolgen. Gerade besonders kleine oder große Verpackungen üben eine starke Faszinationskraft auf den Verbraucher aus und können dadurch von ihm präferiert werden.

Differenzierung zum Wettbewerb

Abb. 6: Nespresso-Kapseln in innovativer Verpackung
(Quelle: Nestlé Nespresso)

Außerdem spart der Handel durch eine geschickt gewählte Dimensionierung mühsames und zeitaufwendiges Abwiegen und Auszählen ein. Sondergrößen am Point of Sale können darüber hinaus zum Kauf animieren und häufig einen Impulskauf auslösen.

- **Kommunikationsfunktion**
Aus kommunikationstheoretischer Sicht ist eine Verpackung mehr als eine reine Schutzhülle von Dingen, sie präsentiert das Produkt nach außen. Ohne Verpackungen wären viele Produkte also „nackt" und „gesichtslos". Erst deren aufwendige und oftmals teure Hülle macht sie zum begehrenswerten Gut.

Zeichen und Codes in der Verpackungsgestaltung

Eine Verpackung hat die Aufgabe, die positiven Produktleistungen, Bestandteile und auch Inhaltsstoffe von Waren hervorzuheben. Selbstverständlich soll die Verpackung das Produkt von Konkurrenzangeboten differenzieren und dabei den Konsumenten zum Kauf anreizen. Eine markenspezifische und sinnlich ansprechende Ästhetik sollte dabei den Kunden auf das Angebot aufmerksam machen und zum Kauf bewegen. Wichtig ist hierbei die Verwendung von stimmigen Zeichen und Codes in der Verpackungsgestaltung, denn nur so erkennt ein Konsument die realen Markenwerte.

Die Verpackung hat insbesondere bei Luxuswaren wie teuren Parfums oder Kosmetika einen hohen ästhetischen Anspruch. Sie spielt hier eine wichtige Rolle, da sie die symbolische Bedeutung dieser Produkte im besonderen Maße unterstützt. Sie dient der Markenidentifikation und der Etablierung eines gewünschten Images. Darüber hinaus dient die Verpackung auch der Selbstdarstellung des Verbrauchers. Durch die Verwendung einer bestimmten Marke zeigt der Konsument der Umwelt seine Werte und Einstellungen. Historisch geht diese Funktion auf die Etablierung des Markenartikels Anfang des 20. Jahrhunderts zurück: Die Verpackung ist somit ein zentrales Medium, um die Zugehörigkeit eines Produktes zu einer Marke zu kommunizieren.

Die Verpackung als Marketinginstrument – Anforderungen und Funktionen

- **Informationsfunktion**
  Auf einer Verpackung stehen sowohl vorgeschriebene als auch freiwillige Deklarierungen. Vorgeschrieben sind z. B. auf der Verpackung von Lebensmitteln die Verkehrsbezeichnung, die Herstellerangabe, die Mengenkennzeichnung, die Preisangabe, die Angabe von Zutaten und Zusatzstoffen, das Mindesthaltbarkeitsdatum u. a. Zu den freiwilligen Deklarierungen zählen hier beispielsweise Angaben zum Gebrauch der Packung oder zum Nährwert bei Lebensmitteln. Auch Produktname, Marke und bildliche Darstellungen sowie Gütezeichen und Qualitätssiegel sind freiwillige Kennzeichnungen.

  Informationen auf Verpackungen

  Die Verpackung sollte also die Mitarbeiter bei der Produktion, im Lager und beim Transport sowie die Verbraucher über gesetzlich festgesetzte und freiwillige Angaben informieren. Diese wichtigen Daten sind für die Einschätzung und die Verwendung des Produktes durch den Verbraucher unerlässlich. Der eingesetzte Text sowie alle verwendeten Zeichen sollten dabei einfach zu verstehen sein. Zudem muss der Text die realen Produkteigenschaften wiedergeben. Er darf nicht mehr zusichern, als das Produkt tatsächlich leisten kann.

- **Gebrauchsunterstützungsfunktion**
  Neue Techniken und Materialien in der Verpackungsgestaltung haben in den letzten Jahrzehnten dafür gesorgt, dass die Produktverwendung optimiert wurde. Die Produktnutzung sollte stets verbraucherfreundlich sein. Ist ein Produkt schwer zu handhaben, wechseln viele Konsumenten zum praktikableren Produkt mit besserem Convenience-Nutzen. Die Verpackungen müssen also einfach zum Öffnen, Dosieren und Verschließen sein. Zudem sollen sie den Transport in vollen Einkaufstaschen vom Laden bis nach Hause unversehrt überstehen. Da beispielsweise viele Konsumenten nur noch einmal die Woche ihren Lebensmitteleinkauf erledigen, sollen etwa Wurst, Käse oder Fisch möglichst lange frisch und appetitlich bleiben und auch so aussehen. Entsprechend hoch sind daher die Ansprüche an das Verpackungsmaterial. Dazu gehören Eigenschaften wie Festigkeit und Flexibilität sowie die Barrierewirkung gegenüber Aromen und Gasen wie Sau-

  Convenience-Nutzen

erstoff, Kohlendioxid und Wasserdampf. Und da die eingeschweißte Dauerwurst am Stück heute kaum jemanden zum Kauf verlockt, halten moderne Verpackungen ihren Inhalt nicht nur lange frisch, sondern präsentieren ihn auch einladend.[15]

- **Rationalisierungsfunktion**

Wirtschaftlichkeit von Verpackungen

Eine gut gestaltete Verpackung strafft viele Vorgänge sowohl bei der Produktion, bei der Lagerung, beim Transport und beim Gebrauch als auch bei der Verwertung und der Restbeseitigung. Diese Funktion dient der Wirtschaftlichkeit und soll vornehmlich Kosten und zeitlichen Aufwand beim Hersteller und im Handel einsparen. Damit das Zusammenspiel beider Marktpartner reibungslos abläuft, müssen Verpackungen einfach bewegt und platzsparend gelagert werden können. Ferner müssen sie stapel- sowie palettierungsfähig sein und eine optimale Nutzung im Regalplatz gewährleisten. Außerdem muss eine Verpackung den modernen logistischen Prozessen in der Warenwirtschaft dienlich sein.

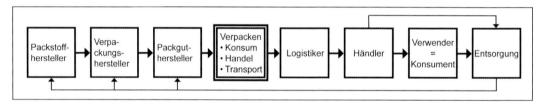

Abb. 7: Prozesskette der Verpackung (Quelle: Koppelmann 2001: S. 506)

- **Umweltschonungsfunktion**

Nicht nur eine zunehmend größere Zahl von Konsumenten, sondern auch der Gesetzgeber fordert eine umweltschonende Verpackungsgestaltung. Laut Paragraf 4 der Verpackungsverordnung[16] sind Hersteller und Vertreiber verpflichtet, Transportverpackungen nach Gebrauch zurückzunehmen und einer erneuten Verwendung oder stofflichen Verwertung zuzuführen. Packungen sowie

---

[15] BASF: Innovative Verpackungen bereichern das Kühlregal, http://www.basf.com/group/corporate/de/news-and-media-relations/science-around-us/packaging/index, 08.08.2009

[16] Ministerium für Umwelt, Naturschutz und Reaktorsicherheit: Verpackungsverordnung, 4. April 2009, http://www.bmu.de/files/pdfs/allgemein/application/pdf/verpackv_lesef.pdf, 06.08.2009

Sammel-, Sortier- und Verwertungssysteme für gebrauchte Verpackungen sind außerdem so anzufertigen, dass beim Wiederaufbereiten, Sammeln, Sortieren, Verwerten oder Entsorgen keine Gefahren für die Umwelt und die damit befassten Menschen entstehen.[17]

Umweltschonung

Viele Hersteller erreichen eine Umweltschonung durch den reduzierten Einsatz von Verpackungsmaterialien selbst auf dem Marktweg zwischen Hersteller und Handel sowie durch die Verwendung von recycelten und recycelbaren Stoffen im Verpackungsdesign. Auch eine energiebewusste Produktion und wiederverwendbare Verpackungen dienen dem Umweltschutz. Viele Markenartikelfirmen weisen heute auf eine umweltgerechte Verpackung hin: Auf vielen aktuellen Verpackungen steht z. B. der Hinweis für die Verwendung von nachhaltigen, ressourcenschonenden Stoffen in der Verpackungsgestaltung sowie eine umweltgerechtere Entsorgung der Verpackungen.

3 Anforderungen an Verpackungen von Herstellern und Handel

Hersteller von Konsumgütern haben spezielle Forderungen an Verpackungen. Im Gegensatz zum Konsumenten steht der Kostenfaktor im Mittelpunkt: Das eigentliche Produkt soll möglichst kostengünstig, aber auch handels- und konsumfreundlich umhüllt werden. Dies bezieht sich sowohl auf die Packmittel, die Packhilfsmittel als auch auf die Verpackungsmaschinen und die anderen am Verpackungsprozess beteiligten Faktoren. Verpackungen müssen im Hinblick auf die Lagerung und den Transport der Produkte geschickt gewählt werden. Aus dem Blickwinkel der Hersteller müssen sie einfach bewegt und platzsparend gelagert werden können. Dafür sollten sie ein geringes Eigengewicht aufweisen und möglichst nach DIN-Normen hergestellt sein. Zudem sollten sie stapel- sowie palettierungsfähig und bruchsicher sein. Die Verpackung muss auch für die Mit-

Anforderungen von Herstellern

---

[17] vgl. Buchner 1999, S. 7

arbeiter in der Produktion und im Lager schnell und unmissverständlich wahrnehmbar sowie für die Kommissionierung deutlich zu erkennen sein. Etiketten dürfen also nicht nur dem Konsumenten gefallen. Sie müssen vielmehr ein problemloses Einpacken und einen einfachen Versand und Transport der Güter gewährleisten.

Selbstverständlich hat der Hersteller spezifische marketingorientierte Forderungen an die Verpackung. Das Branding und die Kommunikation von Verpackungen werden in den Kapiteln 2 und 4 behandelt.

Unter dem Begriff „Handel" lassen sich unterschiedliche Betriebstypen subsumieren, beispielsweise SB-Warenhäuser, Fachmärkte, Discountmärkte oder der Online-Handel u. a. Fasst man die komplexen Ansprüche dieser Anbieter zusammen, so ist ihr gemeinsames Ziel üblicherweise ein möglichst schneller und problemloser Abverkauf mit hohen Gewinnmargen.

Anforderungen vom Handel

Um dieses Ziel zu erreichen, müssen Verpackungen auch hier einfach und kostengünstig zu lagern, zu verteilen und im Regal oder Display zu platzieren sein. Das Regal im Laden stellt für den Handel dabei die wichtigste Schnittstelle für die Kommunikation mit dem Verbraucher dar. Denn hier entscheidet der Kunde, welches Produkt in den Einkaufswagen darf. Die Präsentation der Waren ist deswegen in den vergangenen Jahren zu einer Schlüsselaufgabe in der Handelslogistik geworden. Ziel ist ein effizienter Umgang mit den knappen Flächen im Regal.[18]

Der Handel legt folglich einen großen Wert auf eine unkomplizierte, aber attraktive Verpackungsgestaltung mit einem gut lesbaren Barcode sowie einfach zu greifenden Verpackungen, die alle gesetzlichen Vorschriften enthalten.

Für die Hersteller von Produkten ist es erst einmal notwendig, überhaupt im Handel gelistet zu werden. Grundsätzlich fällt auf, dass

---

[18] interpack Processes and Packaging 2008: http://www.messe-duesseldorf.de/interpack_ca/media/ipo8_Fachartikel_SRP_D_FINAL.pdf, 11.07.2009

innovative Erzeugnisse mit neuartigen Verpackungen eher im Handel gelistet werden als Produkte mit auswechselbaren Produkthüllen. Doch spielen für eine Listung im Handel auch andere Größen wie Listungsgebühren, die Vervollständigung des Handelssortiments, die Geschäftsbeziehung zum Hersteller und dessen Ruf eine wesentliche Rolle. Auch die Kommunikationsanstrengungen des Herstellers zur Produkteinführung sind maßgeblich. Werden Produkte mit ausgeklügelten Kommunikationsmaßnahmen in den Markt gepresst, so entscheiden sich viele Geschäfte, dieses Produkt anzubieten, um dem erwarteten Nachfragedruck entgegenzukommen.

Literatur

Buchner, Norbert: Verpackung von Lebensmitteln. Berlin 1999.

Hansen, Ursula/Hennig-Thurau, Thorsten/Schrader, Ulf: Produktpolitik. Stuttgart 2001.

Koppelmann, Udo: Produktmarketing. Entscheidungsgrundlagen für Produktmanager. Berlin 2001.

Kotler, Philip/Bliemel, Friedhelm: Marketing-Management. 10., überarbeitete und aktualisierte Auflage. Stuttgart 2001.

Neue Verpackung: Neue Verpackung. Branche im Fokus 2008, Mannheim 2008.

Quellen

BASF: Innovative Verpackungen bereichern das Kühlregal, http://www.basf.com/group/corporate/de/news-and-media-relations/science-around-us/packaging/index, 2009, 08.08.2009

Innovationsreport: Innovative Verpackungen aus Bioplastik, http://www.innovations-report.de/html/berichte/materialwissenschaften/bericht-53784.html, 08.08.2009

interpack Processes and Packaging 2008, Fachartikel Nr. 7: Funktionale Dekoration – Information und Sicherheit als Schlüsselfunktion bei Etiketten, 12/2007: http://www.messe-duesseldorf.de/

interpack_ca/media/ipo8_Fachartikel_Etiketten_D_FINAL.pdf, 10.07.2009

Ministerium für Umwelt, Naturschutz und Reaktorsicherheit: Verpackungsverordnung, Verordnung über die Vermeidung und Verwertung von Verpackungsabfällen (Verpackungsverordnung – VerpackV) vom 21. August 1998 (BGBl. I S. 2379), zuletzt geändert durch die 5. Verordnung zur Änderung der Verpackungsverordnung vom 02. April 2008 (BGBl. I S. 531): http://www.bmu.de/files/pdfs/allgemein/application/pdf/verpackv_lesef.pdf, 06.08.2009

Pfeiffer, Thomas: WPV-Rundschreiben 14/2008, 03.04.2008

Kapitel 2
Marken – Labels – Brands:
Was leistet die Verpackung zur Markierung eines Produktes?

Sonja Kastner

Marken sind kein Selbstzweck. Sie dienen der Identifikation und der Differenzierung von Produkten. Ziel der Markierung einer Ware ist es, das Produkt so begehrenswert zu machen, dass es gegenüber anderen Produkten bevorzugt wird. Einen bedeutenden Teil leistet hier die Verpackung. Sie ist das wichtigste Verbindungsglied zwischen der Herstellung und dem Vertrieb des Produktes. Sie ist der Vermittler, der dem Kunden am Point of Sale begegnet. Als multisensuelles Medium ist sie in den Einkaufsstätten wie in den heimischen vier Wänden gegenwärtig. Die Verpackung signalisiert durch ihre ästhetische Gestaltung und ihren praktischen Nutzen die zentralen charakteristischen Merkmale einer Marke.

Merkmale von Marken

Drei Fragen stehen im Mittelpunkt des folgenden Kapitels:
- Was sind die wichtigsten Komponenten beim Branding?
- Wie kann Kommunikation zum Branding beitragen?
- Welche Bedeutung hat Branding für Hersteller und Konsumenten?

1 Was sind die wichtigsten Komponenten beim Branding?

Der Begriff „Branding" wird von Praktikern und Wissenschaftlern sehr unterschiedlich ausgelegt. So bestehen die Branding-Aktivitäten nach Auffassung des Namensentwicklers und Werbetexters Manfred Gotta nahezu ausschließlich aus dem Prozess der Namensfindung für ein Produkt.[1] Dem entgegengesetzt vertritt der Gründer

---
[1] vgl. Gotta 1994, S. 773–789

Definition „Branding" der Agentur Interbrand, John Murphy, die Auffassung, Branding enthalte alle Marketing-Mix-Elemente, wie beispielsweise das Produkt, die Preis-, Distributions- und Kommunikationspolitik.[2] Nach heutigen Gesichtspunkten sind beide Auffassungen nicht mehr praktikabel. Gottas Vorstellung, ein Produkt bräuchte lediglich einen guten Namen, erscheint nicht ausreichend; Murphys weit gefasstes Spektrum an Maßnahmen liefert nicht die nötige Differenzierung zwischen Branding und allen anderen Marketingaktivitäten.

Bedeutung des Brandings aus heutiger Perspektive

Aus der Fülle der wirtschaftlichen Rahmenbedingungen und Trends seien hier nur zwei Ursachen für die Notwendigkeit des Brandings genannt:

- **Globalisierung der Märkte**
  Die Internationalisierung und der globale Handel mit Produkten aller Art erfordern eine Standardisierung von Produkten, Verpackungen und der Kommunikation. Immer öfter ist hier der Bedarf an einheitlicher Namens- und Logogestaltung sowie des einheitlichen Packagings festzustellen.

- **Unternehmensfusionen und -aufkäufe**
  Die Verschärfung des Wettbewerbs im Zuge der Globalisierung hat zur Folge, dass Unternehmen fusionieren oder andere Unternehmen aufkaufen, um Größenvorteile im Wettbewerb zu gewinnen. Im Bereich des Brandings dienen die Marken Twix, M & M's oder Pimm's LU als Beispiele erfolgreicher Markenmigrationen.

Im Folgenden werden die vier wesentlichen Branding-Elemente vorgestellt. Dieses Konzept erweitert das Branding-Dreieck, das der Betriebswirtschaftler Tobias Langner entwickelt hat, um die Komponente der Verpackung:[3]

- Markenname
- Markenzeichen
- Produkt
- Verpackung

---

[2] vgl. Murphy 1990
[3] vgl. Langner 2003, S. 27

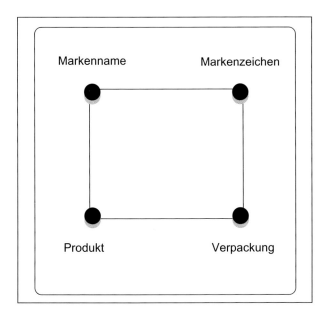

Abb. 1: Branding-Quadrat (Quelle: Eigene Darstellung)

Branding-Element: Markenname

Der Markenname nimmt die zentrale Position auf einer Verpackung ein. Wenn sich Menschen an eine Marke erinnern oder über sie sprechen, verwenden sie meist den Markennamen. In ihm sind alle Assoziationen mit der Marke gebündelt. Markennamen vermitteln so Werte und Botschaften und können wie ein visuelles Logo auch als Wegweiser bei der Konsumentenentscheidung fungieren. Der Name soll den Kunden bei der Identifizierung bestimmter Produkte aus der Fülle des Angebots helfen. Auch soll er die Garantie für einwandfreie Herkunft und Qualität des Produktes vermitteln – wie die Signatur eines Künstlers auf einem Kunstwerk.[4]

Markennamen sind Wegweiser

Branding-Element: Markenzeichen

Ein Markenzeichen oder Logo ist ein visuelles Symbol der Marke. Ebenso wie der Markenname wird auch ein Logo zentral auf der Verpackung platziert. Es soll einer Marke leichte Erkennbarkeit verschaffen. Die Prägnanz des Logos ist wesentlicher Bestandteil für die Qualität und Langlebigkeit einer Marke.

---

[4] Mehr zum Thema Markennamen lesen Sie in diesem Band im Beitrag von Sonja Kastner „Quadratisch. Praktisch. Gut – Textgestaltung von Verpackungen".

Logos sorgen für Wiedererkennbarkeit

Ein Logo kann sowohl eine Gedächtnisstütze sein, also ein mnemotechnischer Code, der die Marke leichter wiedererkennbar macht. Ein Logo dient aber auch der Vermittlung von verschiedenen Ideen oder Bedeutungsinhalten, die nicht ausschließlich rational fassbar sind. Die Gestaltungsoptionen für einfache, prägnante Symbole sind nicht unerschöpflich. Somit wird es immer schwieriger werden, Logos zu kreieren, die das Potenzial haben, Aufmerksamkeit und Vertrauen der Bezugsgruppen zu erlangen und sich als entscheidendes Differenzierungskriterium im Branding durchzusetzen. Über prägnante Logos verfügen beispielsweise die Marken Dr. Oetker, Sarotti oder Bärenmarke.

> Das Logo von Dr. Oetker, der rot-weiße „Hellkopf", nahm einst einen populären Oetker-Slogan auf: „Ein heller Kopf verwendet nur Dr. Oetkers Backpulver."
>
> Der Sarotti-Mohr, der in den 1960er-Jahren als Hauptdarsteller von zahlreichen Werbespots zur Werbe-Ikone wurde, verweist auf den einstigen Firmensitz der Marke Sarotti, die Berliner Mohrenstraße im Stadtteil Mitte.
>
> Auch das Logo von Bärenmarke erinnert an die Geburtsstadt des Unternehmens Allgäuer Alpenmilch AG: die Schweizer Hauptstadt Bern, die den Bären in ihrem Wappen trägt.

Branding-Element: Produkt

Sinnliche Wahrnehmung von Produkten

Das materielle Produkt als Faktum und die Situation der Anwendung werden durch die Konsumenten unmittelbar wahrgenommen. Alle sichtbaren, hörbaren, fühlbaren, riechbaren oder schmeckbaren Produktmerkmale werden ganzheitlich durch die fünf Sinne erfasst. Ein Produkt ist dabei gekennzeichnet durch

- die **Eigenschaften**
- die **Anwendung**
- den **funktionalen Nutzen**
- die **Qualität**[5]

---

[5] vgl. Aaker 1996, S. 74

Abb. 2: Verpackungen und Logos der Marken Dr. Oetker, Sarotti und Bärenmarke (Quellen: Dr. August Oetker Nahrungsmittel KG, Stollwerck GmbH, Allgäuer Alpenmilch GmbH)

Der funktionale Nutzen ergibt sich aus den Eigenschaften des Produkts bzw. seiner Serviceleistungen. So kann das Getränk Coca-Cola dazu genutzt werden, den Durst zu löschen. Auch immaterielle Werte wie das Preis-Leistungs-Verhältnis oder Informationsentlastung durch schnelle Wiedererkennbarkeit eines Produktes durch seine Farbe oder den Geruch werden als funktionale Nutzen bezeichnet. Der Aspekt der Produktqualität wird von Marketing-Theoretikern und -Praktikern immer wieder als grundlegend betont. Die Qualität eines Produktes kann demnach nicht ausschließlich nach technischen Kriterien oder anhand einer DIN-Norm beurteilt wer-

Nutzen von Produkten

den. Entscheidend bei der Präferenzbildung durch den Konsumenten ist vielmehr das subjektive Qualitätsempfinden, die *wahrgenommene* Warenqualität.

Branding-Element: Verpackung

Im Bereich Branding übernimmt die Produktverpackung eine Vielzahl von Informations- und Kommunikationsaufgaben. Funktionale Produktnutzen wie der Nachweis einwandfreier Qualität und Frische des Produktes entstehen beispielsweise auch durch charakteristische Verpackungsgeräusche wie das Knacken beim Aufdrehen einer Flasche Orangensaft.

Einsatz von Produktsound

Der Sound beim Öffnen einer Flasche Flensburger Pilsener trägt zur Wiedererkennung der Marke bei, das Öffnen der Flasche wird nicht selten *zelebriert*. Der Klang symbolisiert dem Verwender und seiner Umwelt dabei: Ich trinke ein Flens. Das unverwechselbare Geräusch beim Öffnen des Bügelverschlusses („Plop") wird als zentrales auditives Wiedererkennungselement auch auf der Website und in TV- und Hörfunkspots eingesetzt. Der Claim der Marke Flensburger Pilsener bringt es auf den Punkt: „Das Ohr trinkt mit."

Abb. 3: Flasche mit Bügelverschluss der Marke Flensburger Pilsener (Quelle: Flensburger Brauerei)

Zu den bekanntesten Verpackungen der deutschen Markengeschichte gehört die Odol-Flasche. Sie wurde bereits 1924 in einem Bild des amerikanischen Malers Stuart Davis verewigt, das heute im New Yorker Museum of Modern Art zu sehen ist. Die besondere Verpackungsform ist als sogenannte dreidimensionale Marke rechtlich geschützt. Angesichts der großen Fülle an Me-too-Produkten im Konsumgüterbereich kann die Verpackung im Branding-Prozess ein Alleinstellungsmerkmal erzeugen. Zwar werden technische Innovationen heute leichter kopiert als früher. Dennoch kann ein gutes

Design, das einzigartige Gebrauchserlebnisse verspricht, nicht unbemerkt imitiert werden.

Fallbeispiel Absolut Vodka

Die Marke Absolut Vodka gehört im Bereich der Spirituosen neben Smirnoff, Bacardi und Johnny Walker zu den erfolgreichsten Labels weltweit. Die Marke ist im Besitz der The Absolut Company, die wiederum eine Geschäftseinheit innerhalb der Gruppe Pernod Ricard bildet. Der Firmensitz von Absolut Vodka befindet sich in Stockholm, Schweden. Die gesamte Produktion der Spirituose erfolgt in der traditionellen Destillerie in Åhus, Südschweden.

Markenhistorie Absolut Vodka

Der Ursprung der Marke geht in das Jahr 1879 zurück. Der schwedische Unternehmer Lars Olsson Smith erfand eine besondere Destillationsmethode, die den Alkohol von Fuselölen und anderen unerwünschten Inhaltsstoffen trennt und einen Wodka von höherer Qualität als bisher lieferte. Die Spirituose wurde zunächst unter dem Namen „Absolut Rent Brännvin" (absolut reiner Branntwein) vertrieben. Smith ließ die Marke als Warenzeichen eintragen. Im Rahmen eines Relaunches in den 1970er-Jahren wurde die Marke Absolut Vodka geschaffen, die wir heute kennen. Seit fast vierzig Jahren steht die einzigartige Form der Flasche im Zentrum der werblichen Aktivitäten der Marke. Die spezielle Flaschenform erinnert an schwedische Apotheken-Flaschen. Die Flasche dient als Key-Visual der Werbekampagnen.

Branding-Element: Markenname
Der Name Absolut Vodka nimmt Bezug auf die besondere Herstellungsweise des Wodkas, die einen höheren Reinheitsgrad im Vergleich zu Konkurrenzprodukten verspricht.

Branding-Element: Markenzeichen
Das Logo besteht aus dem Siegel mit dem Portrait des Erfinders Lars Olsson Smith.

Branding-Elemente Absolut Vodka

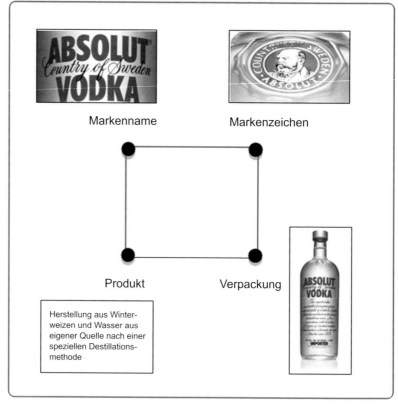

Abb. 4: Branding-Quadrat der Marke Absolut Vodka (Quelle: Eigene Darstellung)

Abb. 5: Anzeigenkampagne der Marke Absolut Vodka (Quelle: The Absolut Company)

Branding-Element: Produkt

Der Wodka der Marke wird aus Winterweizen und Wasser aus eigener Quelle nach einer speziellen Destillationsmethode hergestellt.

Branding-Element: Verpackung

Die Anzeigenkampagne der Marke Absolut Vodka stellt die charakteristische Verpackung in den Mittelpunkt. Die Flasche wird visuell verfremdet bzw. durch einen weiteren Gegenstand ergänzt. Die Headline greift den Markennamen auf und inszeniert die Wesensmerkmale der Marke: Absolut *Perfection*, Absolut *Attraction* und Absolut *Party*.

Inszenierung der Verpackung

Zusammenfassend ergibt sich eine Vielzahl von Vorteilen aus einer konsequenten Anwendung des Branding-Quadrats. Die Elemente Markenname, Logo, Produkt und Verpackung:

- unterstützen die Identifikation und die Differenzierung von Konkurrenzmarken
- erleichtern die Markenpositionierung
- verbessern die Memorierbarkeit der Marke
- ermöglichen den rechtlichen Schutz der Marke [6]

2 Wie kann Kommunikation zum Branding beitragen?

Das physische Produkt, der Markenname, das Logo und die Verpackungen bilden nur einen Teil der Marke. Im Folgenden werden diejenigen Bestandteile der Marke dargestellt, die zusammengenommen den Markenmehrwert ergeben.

Die Kommunikation einer Marke beinhaltet *Markenbilder*, die die Assoziationen der Bezugsgruppen stimulieren sollen. Die Inhalte beeinflussen die Wahrnehmung des Produktes durch vorgestellte

---

[6] vgl. Langner 2003, S. 267 ff.

Bestandteile einer Marke

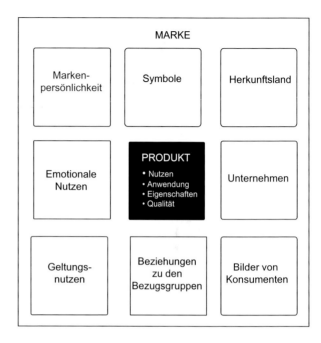

Abb. 6: Produkt und Marke (Quelle: Aaker 1996, S. 74)

Symbole transportieren die Markenbotschaft

Erlebnisse und Geschichten. Eine zentrale Rolle spielen hierbei meist *Symbole*. Das Logo der Marke Nestlé, die ihr Geschäft mit dem Vertrieb von Ersatzprodukten von Muttermilch startete, bildet ein kleines Nest mit einer Vogelfamilie ab. Das Logo steht für Versorgung mit Nahrung, Geborgenheit und Sicherheit.

Neben Symbolen wird das Bild einer Marke durch ihre *Beziehungen zu den Bezugsgruppen* (z. B. „Bacardi ist dein Kumpel zum Spaß haben") sowie vom *Bild des typischen Verwenders* („der typische Apple-User ähnelt einem Art Director in einer Werbeagentur") bestimmt. Das *Herkunftsland* spielt bei Marken wie Mercedes (deutsche Ingenieursqualität) oder Ikea (skandinavisches Design) eine besondere Rolle. Aspekte des *Unternehmens* tragen ebenfalls zur Wahrnehmung der Marke durch die Bezugsgruppen bei, wie beispielsweise die Aktivitäten im Bereich des Tierschutzes der Kosmetikmarke The Body Shop: „The Body Shop has always believed passionately that animals should not be used for cosmetic testing." [7]

---

[7] The Body Shop 2009: Values and Campaigns, http://www.thebodyshop.com/_en/_ww/values-campaigns/against-animal-testing.aspx, 30.11.2009

Marken – Labels – Brands

Abb. 7: Säuglingsnahrung und Logo der Marke Nestlé (Quelle: Nestlé Deutschland AG)

Eine weitere Rolle spielen *emotionaler Nutzen* wie Zufriedenheit, Sicherheit und Vertrauen sowie die *Geltungsnutzen* Prestige und Selbstausdruck.

Integration des Brandings

Markenname, Markenzeichen, Produkt und Verpackung sowie die Kommunikation durch Werbung, PR, Events etc. ergänzen sich in ihrer Wirkung. Die Positionierungsbotschaft sollte unmissverständlich auf der Verpackung sichtbar gemacht werden. Ideal wäre, alle kommunikativen Maßnahmen aufeinander abzustimmen („integrieren"), damit die Markierung, die Verpackung und die Kommunikation widerspruchsfreie Botschaften an ihre Adressaten übermitteln können.[8]

Abstimmung der Kommunikationsmaßnahmen

---

[8] Zum Thema Markenführung siehe auch Busch/Kastner/Vaih 2009

3 Welche Bedeutung hat Branding für Hersteller und Konsumenten?

Geschichte des Brandings

Nordamerikanische Siedler kennzeichnen seit dem 17. Jahrhundert ihre Rinder mit einem Brandzeichen, um den Besitz des Tieres gegenüber anderen Farmern anzuzeigen und vor Diebstahl abzuschrecken. Heute tragen Menschen Marken demonstrativ zur Schau, beispielsweise einen Pappbecher mit Kaffee der Marke Starbucks oder eine Papiertragetasche mit dem Schriftzug der Marke Mandarina Duck.

Für die Markenmanager steht der hohe monetäre Wert der Marke im Mittelpunkt. Auch im Jahr 2009 führte Coca-Cola mit 68 Milliarden Euro die Rangliste der Markenwerte an. Es folgen IBM (60 Milliarden Euro) und Microsoft (56 Milliarden Euro), ebenfalls mit Herkunftsland USA. Zu den wertvollsten deutschen Marken zählen Mercedes (24 Milliarden Euro, Platz 12), BMW (21 Milliarden Euro, Platz 15) sowie SAP mit 12 Milliarden Euro auf Rang 27.[9]

Ein generelles Problem in puncto Markenführung stellt der annähernd gleiche qualitative Standard zahlreicher Produkte und Produktverpackungen dar. Diese sogenannte Produktparität erschwert es Werbestrategen in zunehmendem Maße, differenzierte und unverwechselbare Versprechen zu formulieren.

Informationsüberlastung

Immer mehr Konsumenten sind heute der Werbung überdrüssig. Vor allem Medienwerbung wird vom Rezipienten oft als nicht unterhaltsam oder informativ begriffen, sondern als wenig glaubwürdig und störend empfunden. In der Flut der Informationen überlagern sich die (charakteristischen) Botschaften von Marken oft zu einem unspezifischen „weißen Rauschen". Ebenso wie es nicht möglich ist, in einem weißen Lichtstrahl mit dem bloßen Auge die Spektralfarben zu erkennen, ist es nicht möglich, aus einem Rauschen die einzelnen Töne herauszuhören. Den Rezipienten gelingt es im übertragen

---

[9] vgl. Interbrand Zintzmeyer & Lux 2009: Best Local Brands, http://www.interbrand.com/best_global_brands.aspx, 20.11.2009

Abb. 8: Pappbecher der Marke Starbucks (Foto: Etienne Tordoir/ Catwalkpictures)

Sinne demnach (oft) nicht mehr, die medial vermittelten Markenbotschaften zu unterscheiden und zuzuordnen.

Die Informationsüberlastung durch die massenmediale Werbung hat zur Folge, dass die „Echtheit", d. h. die sinnliche Erfassbarkeit von Produkten, Verpackungen und ihrer Kommunikation, in zunehmendem Maße an Bedeutung gewinnen wird.[10] Es ist anzunehmen, dass dies vor allem für den Luxus- und Designsektor gilt, der im Hinblick auf multisensorisches Branding die meisten Gestaltungsmöglichkeiten verspricht.

Neben der oft anzutreffenden Produktparität ist es die größte Herausforderung für Markenmanager, ihre Bezugsgruppen mit ihren komplexen Bedürfnissen als Interaktionspartner ernst zu nehmen. Markenprodukte werden von ihren Adressaten oft positiv wahrge-

Aus Markenprodukten werden Kultobjekte

---

[10] vgl. hierzu Beitrag „Verpackungen multisensuell gestalten – mit Klang und Duft Mehrwert erzielen" von Christina Vaih in diesem Band.

nommen, ja als Kultgegenstände verehrt. Kleider oder Rennwagen werden als Exponate in Museen inszeniert. Die Produkte von Armani und Lamborghini werden so zu unverfügbaren Heiligenbildern stilisiert.

Unternehmen werden zu Feinden

Es gibt aber auch zahlreiche Hinweise darauf, dass Marken von Kultgegenständen zu Feindbildern mutieren. Naomi Klein veröffentlichte vor rund zehn Jahren den mittlerweile populären Bestseller „No Logo"[11]. Sie wirft darin global agierenden Großunternehmen vor, Kinderarbeit und Niedrigstlöhne zu unterstützen sowie die Medien und den öffentlichen Raum zu beherrschen. Nicht erst seit der von Klein formulierten Kritik bilden Marken wie Levi's oder Nike Zielscheiben von Boykottaufrufen und Demonstrationen. So brachten im Jahr 2001 Teenager bei einer Demonstration vor dem Nike Flagship-Store in New York mit der Parole „Nike we made you, we can break you!" ihren Protest gegen die Preis- und Mitarbeiterpolitik des Unternehmens zum Ausdruck.[12] Es wird immer schwieriger, die vielfältigen Gruppen von Markennutzern zu identifizieren und zu beschreiben. Ursache hierfür ist die zunehmende Individualisierung der Lebensentwürfe und der sich immer schneller beschleunigende gesellschaftliche Wandel.

Bezugsgruppen von Marken

Neben den *Kunden* lassen sich weitere Bezugsgruppen als Kommunikations- und Interaktionspartner für die Markenkommunikation feststellen: Zum einen sind es *Medien*, die im symbiotischen Verhältnis zu Marken stehen und in deren Umfeld die Marken wahrgenommen werden, beispielsweise als Anzeigen in Zeitschriften. Zum anderen tragen *Mitarbeiter* und deren Angehörige das Selbstbild der Marke nach außen, *prominente Verwender* dienen als Multiplikatoren und Testimonials. Auch Interessenvertretungen wie *Verbände* können relevante Kommunikatoren sein. *Konkurrenten* bilden eine Bezugsgruppe in dem Sinne, als die nach außen sichtbaren Aktivitäten aufmerksam von konkurrierenden Unternehmen als Benchmark geprüft werden. Schließlich stellen *Dienstleister* und Zu-

---

[11] Klein 2001
[12] vgl. Klein 2001, S. 383 f.

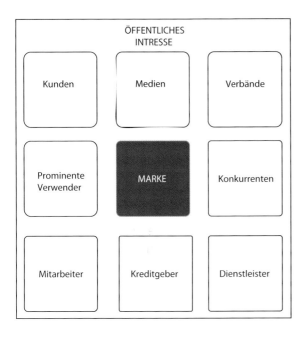

Abb. 9: Bezugsgruppen einer Marke: Kommunikations- und Interaktionspartner (Quelle: Kastner 2007, S. 40)

lieferer sowie *Kreditgeber* und Aktionäre wesentliche Interaktionspartner dar.[13]

Zusammenfassend lässt sich feststellen: Im Prozess des Brandings können vor allem im Bereich der Verpackung zahlreiche Potenziale entfaltet werden, die Produkte von ihrer Konkurrenz unterscheidbar machen und in ihrer Faszinationskraft stärken. Bei der Analyse der kommunikativen Rahmenbedingungen und Trends zeigte sich, dass sich die Markenproduzenten in einem Spannungsfeld bewegen, das überaus labil und verletzlich ist. Aufgrund der Komplexität der Bedürfnisse ihrer Bezugsgruppen wird es für sie immer schwieriger, ein stabiles langfristiges Verhältnis zwischen Mensch und Marke aufzubauen.

---

[13] Mehr zum Thema Bezugsgruppen von PR für Verpackungen im Beitrag „Public Relations für Verpackungen: Kommunikationswege und Instrumente" von Thordis Eckhardt in diesem Band.

Literatur

Aaker, David A.: Building Strong Brands. New York 1996.

Busch, Carsten/Sonja Kastner/Christina Vaih: Die Kunst der Markenführung. Göttingen 2009.

Gotta, Manfred: Branding, in: Bruhn, Manfred (Hg.): Handbuch Markenartikel, Band 2. Stuttgart 1994, S. 773–789.

Kastner, Sonja: Klang macht Marken. Sonic Branding als Designprozess. Wiesbaden 2008.

Klein, Naomi: No Logo. München 2001.

Langner, Tobias: Integriertes Branding. Baupläne zur Gestaltung erfolgreicher Marken. Wiesbaden 2003.

Murphy, John: Brand Strategy. Cambridge 1990.

Quellen

Interbrand Zintzmeyer & Lux: Best Global Brands, http://www.interbrand.com/best_global_brands.aspx, 20.11.2009

The Body Shop: Values and Campaigns, http://www.thebodyshop.com/_en/_ww/values-campaigns/against-animal-testing.aspx, 30.11.2009

Kapitel 3
Vertriebs- und Absatzwege von Verpackungen – ein Interview mit Ekart Kuhn von der Ekupac GmbH

Thordis Eckhardt

In diesem Kapitel wird anhand eines Interviews der Vertrieb von Verpackungen untersucht. Es werden zunächst die verschiedenen Arten von Verpackungen und ihre relevanten Vertriebswege im B2B- und B2C-Bereich beleuchtet. Im Weiteren werden fachspezifische Anforderungen und Erfolgskriterien besprochen, die für den Vertrieb von Verpackungen, insbesondere von Transportverpackungen, relevant sind. Als Spezialist zum Thema Verpackung gibt Vertriebsexperte Ekart Kuhn von der Ekupac GmbH, Köln, Einblick in die Vertriebstätigkeit von Industrie und Handel. Das Dienstleistungsunternehmen Ekupac ist auf Beratungs- und Serviceleistungen im Bereich Verpackungslogistik spezialisiert und gibt die Studie „Entwicklungen und Trends im Markt der Mehrweg-Transportverpackungen" heraus.

Abb. 1: Vertriebsexperte Ekart Kuhn: „Vertriebsentscheidend sind die implizierten Vorteile, die in den Verpackungsmaterialien stecken." (Quelle: Ekupac GmbH)

Wie definieren Sie als Vertriebs- und Logistikexperte den Begriff „Verpackungen"? Welche speziellen Anforderungen werden an den Vertrieb von Verpackungen gestellt?

Ekart Kuhn: Verpackungen sind Produkte, die dem Schutz, dem Transport und der Sicherheit bzw. der Haltbarkeit von Waren dienen. Sie können gleichzeitig zu Präsentationszwecken verwendet werden.

Verpackungskategorien im Vertrieb

Beim Vertrieb von Verpackungen unterscheiden wir daher grundsätzlich drei Kategorien: Verkaufsverpackungen, Transportverpackungen und Umverpackungen. Diese lassen sich jeweils in Einweg- und Mehrwegverpackungen klassifizieren. Während Verkaufsverpackungen (VVP) vorwiegend als Einwegverpackung (Dosen, PET-Flaschen) und im B2C-Geschäft vertrieben werden, bewegen wir uns bei Umverpackungen (UVP) im B2B-Bereich und finden sowohl Einweg- als auch Mehrwegverpackungen vor. Transportverpackungen (TVP) wiederum sind auch im B2B-Bereich angesiedelt. Hier handelt es sich überwiegend um Mehrwegverpackungen wie Kisten oder Boxen. Die Übergänge sind teilweise fließend; sie müssen von Fall zu Fall betrachtet werden. Nehmen wir beispielsweise die Bierkiste: Sie gilt zum einen als Transportverpackung und ist im B2B-Geschäft angesiedelt. Gleichzeitig ist die Kiste auch eine Verkaufsverpackung, die über den B2C-Handel zum Endverbraucher gelangt.

Sie unterscheiden beim Vertrieb von Verpackungen demnach zwischen dem B2B- und B2C-Geschäft. Worin besteht der Unterschied?

Ekart Kuhn: In der Verpackungswirtschaft erfolgt der Vertrieb von Verpackungen über den Verpackungshersteller hin zum Warenproduzenten. Das geschieht entweder auf direktem Weg oder über einen Zwischenhändler von Verpackungen. Die Industrie wiederum als Warenproduzent, beispielsweise Unternehmen wie Ferrero oder Warsteiner, verpacken anschließend ihre speziellen Produkte in genau diese Verpackungen. Anschließend gehen diese Waren dann vom Großhandel zum Einzelhandel und schließlich zum Verbraucher. Letzterer als Empfänger der Ware „Wiederverpackung" ist dann sozusagen die Drehscheibe für die Verkaufs-, Transport- und

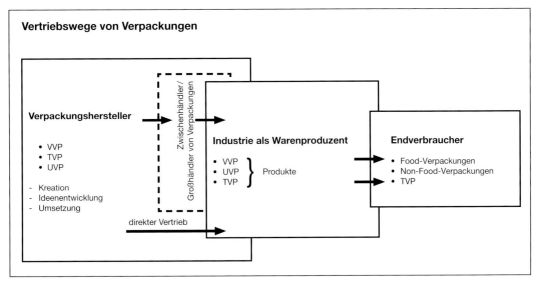

Abb. 2: Herstellungs- und Vertriebswege von Verpackungen entlang der Wertschöpfungskette (Quelle: Thordis Eckhardt)

Umverpackungen, die entweder als Mehrwegverpackung in den Wirtschaftskreislauf zurückfließen oder als Einwegverpackungen entsorgt bzw. recycelt werden.

Bei den Vertriebswegen in der Verpackungswirtschaft unterscheiden wir also zwei Kategorien: a) die Verpackung, die vom Hersteller zur Industrie gelangt und b) die Industrie, die ihre Produkte in die Packmittel verpackt. Gibt es in der Praxis weitere produktspezifische Unterteilungen?

Ekart Kuhn: In der Praxis hat sich folgende produktspezifische Unterteilung bewährt: Industriegüter und Konsumgüter. Betrachten wir die Konsumgüterbranche, so unterscheiden wir in Food- und Nonfood, Getränke, Frischeprodukte wie Obst und Gemüse, weiße und braune Ware (Kühlschränke, TV- und Stereoware), Textilien, Automotive, Medien, Elektro- und Elektronik und Restindustrie. Bei Industriegütern sprechen wir von Maschinen oder von der chemischen Industrie. Das ist notwendig und sinnvoll, da unterschiedliche Produkte unterschiedliche Anforderungen an Verpackungen, Transport und Vertrieb stellen.

Industriegüter und Konsumgüter

Können Sie uns hierfür ein Beispiel in Bezug auf Produktverpackungen nennen?

Verpackungsstufen im Food-Bereich

Ekart Kuhn: Am Beispiel von Ferrero wird sehr gut deutlich, inwieweit ein Produkt aus der Konsumgüterbranche unterschiedliche Verpackungsstufen durchläuft und welche Funktionen die unterschiedlichen Packmittel in diesem Zusammenhang bekleiden. Stellen wir uns die Eingangsfrage: Was benötigt ein Warenproduzent, wenn er Ferrero-Küsschen herstellt? Er braucht Papier zum Umhüllen der Praline. Dann braucht er eine Schutzfolie aus Kunststoff, die zusätzlich um die in Papier verpackte Praline gelegt wird. Ferner hat er eine Box, die aus einem Karton mit Deckel besteht, in die 20 Pralinen hineinkommen. Dann hat er eine Umverpackung, also einen Transportkarton, in den 40 Packungen Ferrero-Küsschen verpackt werden. Für den Transport an den Handel benötigt er eine Transportverpackung, in dem Fall eine Standard-Euro-Palette. Und diese Euro-Palette schützt er zusätzlich mit einer Folie und mit Kunststoffbändern. Als Packmittel für ein Produkt verwendet Ferrero in Summe also mindestens vier Materialien: Papier, Folien, Holz, Kunststoff.

Diese Art von Verpackungskette ist im Grunde bei allen Produkten ähnlich. Schauen wir noch einmal hinüber in den Food-Bereich zu einem weiteren Produkt: Käse. Hier spielt beim Transport noch ein zusätzlicher Verpackungsaspekt eine wesentliche Rolle. Das Produkt Käse muss während des Transports vom Hersteller zum Handel gekühlt werden. Das geschieht mittels unterschiedlicher Kühltransportgefäße. Möglich sind separate Boxen, aber auch der Lkw als Transportmittel kann die Funktion einer Kühlbox übernehmen. Das Stichwort lautet hier „Kontrollierte Atmosphäre (CA)". Produkte werden mit einer Sauerstoff-Stickstoff-Verbindung behandelt, um sie für den Transport haltbar zu machen. Auch Verpackungen können mit diesem gesundheitlich unbedenklichen Gemisch gefüllt werden und somit das Transportgut vor Verderblichkeit schützen. Ein Lkw zählt genauso wie Container oder Schiffe zu den sogenannten Transportgefäßen.

Kommen wir noch einmal zurück zu den drei Verpackungskategorien: Verkaufs-, Transport- und Umverpackungen. Wodurch unterscheiden sie sich im Vertrieb?

Ekart Kuhn: Beispielsweise in den Auftraggebern und in ihren Anforderungen an die Verpackungen. Einen allgemeingültigen Vertriebs- und Entscheidungsweg gibt es in der Verpackungswirtschaft nicht. Denn Verkaufs-, Transport- und Umverpackungen erfüllen unterschiedliche Funktionen[1]. Sie sind entsprechend ihres vorbestimmten Wareninhalts zudem an unterschiedliche Zielgruppen adressiert.

Schauen wir uns beispielsweise die Verkaufsverpackungen an. Diese gelangen zusammen mit dem Produkt zum Endverbraucher. Entsprechend wichtig sind Form, Gestaltung und adressierte Botschaften, die über die Verpackungen transportiert werden. Der Verpackungshersteller wendet sich daher im ersten Vertriebsschritt direkt an die Marketingabteilung eines Industrieunternehmens, wo die verpackungsspezifische Kreation und Entwicklung stattfindet. Ansprechpartner können aber auch die Verantwortlichen der Abteilung Beschaffung sein; hier findet der Absatz, sprich der Einkauf der Verpackungsmaterialien, statt. Spätestens wenn es um die Umverpackungen geht, sind Logistiker und Produktioner gefragt, denn im Vordergrund stehen technische Anforderungen und Lagerprozesse.

Verkaufsverpackungen

Bei der Transportverpackung sieht der Vertriebsweg erfahrungsgemäß differenzierter aus; zum einen handelt es sich hier überwiegend um Mehrwegverpackungen im B2B-Bereich. Die Materialien sind für Transport, Lagerung und Logistikaufgaben konzipiert. Die Verpackungshersteller suchen aus diesem Grund den direkten Kontakt in die Marketing-, Produktions- oder Logistikabteilungen der Handelsunternehmen, um frühzeitig in den Entwicklungsprozess von Spezialverpackungen involviert zu sein. Beispiel Mehrwegflaschen: In der Getränkebranche gilt die Flasche als spezielle Art der Verpackung. Sie hat eine hohe individuelle Aussagekraft und weist sehr klar auf das produzierende Unternehmen als Absender hin.

Transportverpackungen

---

[1] Siehe hierzu auch Kapitel 1

Abb. 3: Glasverpackungen von Coca-Cola (Quelle: Coca-Cola Deutschland)

Individuelle Verpackungskonzepte

Die direkte Kommunikation mit den Entscheidungsträgern in Industrieunternehmen bietet Verpackungsherstellern darüber hinaus die Gelegenheit, ihre eigenen Ideen und Verpackungskonzepte zu präsentieren und vor Ort auf die Kundenbedürfnisse anzupassen. Auf diese Weise sind Verpackungshersteller an der Entwicklung neuer Verpackungen – und natürlich an deren Vertrieb – beteiligt. Um ein Beispiel zu nennen: Getränkekisten. Diese Verpackung geht direkt zum Endverbraucher nach Hause. Das Besondere an den Getränkekisten z. B. von Becks oder Gilde Ratskeller (InBev Germany Holding GmbH) ist der sogenannte Soft-Touch-Griff. Er erhöht die Haptik und den Tragekomfort beim Transport und bietet Verbrauchern somit einen nutzenspezifischen Mehrwert.

Auf welche Weise gelingt es der Industrie als Warenproduzent, die Bedürfnisse der Konsumenten frühzeitig zu erkennen?

Verpackungsdesign

Ekart Kuhn: Die Empfänger werden über Testmärkte befragt. Hierüber wird versucht herauszufinden, welche Kriterien für einen Konsumenten ausschlaggebend sind, ein bestimmtes Produkt zu kaufen: Es sind die Verpackung, der Preis, der Inhalt und die Qualität des Produktes. Speziell über die Verpackung lässt sich nachweislich sehr viel verkaufen. Ein sehr gutes Beispiel für ausgezeichnete Pro-

Abb. 4: „Der Genuss fängt beim Tragen an": Der 24er- sowie der 20er-Kasten überzeugen durch einen herausragenden Tragekomfort (Quelle: InBev Germany Holding)

duktverpackungen bietet Ferrero. Das Unternehmen hat sensationell gute Ideen: Produkte wie die Ferrero-Küsschen sind einfach schick verpackt. Gute Qualität bekommen auch andere Hersteller hin; die Verpackungen von Ferrero sprechen den Konsumenten jedoch stets auf besondere Weise an.

Gibt es Besonderheiten beim Vertrieb von Verpackungen im B2C-Bereich zu beachten?

Ekart Kuhn: Bei Verpackungen, die direkt zum Verbraucher gehen, handelt es sich fast ausschließlich um Verkaufsverpackungen. Das Spezielle beim Vertrieb von Verkaufsverpackungen sind die Promotion-Aktionen. Also die Frage, wie die Ware zum Verkauf in den Regalen oder auf Freiflächen bereitgestellt wird. Über 40 Prozent der Ware im Lebensmitteleinzelhandel (LEH) wird übrigens über Sonderplatzierungen verkauft, beispielsweise in Form von Verkaufsstandern, Paletten- und Kartonagendisplays. Hier finden vor allem

Besonderheit: Promotion-Aktionen

die sogenannten Impulsartikel Platz; Artikel, die nicht auf dem aktuellen Einkaufszettel der Konsumenten stehen. Ansprechend verpackt und gut sichtbar platziert, regen sie zum Zusatzkauf an. Nehmen wir die Saisonartikel, wie Lebkuchen. Ein gutes Beispiel ist Dr. Oetkers Weihnachtsbackstube; die typischen Weihnachtsbackartikel wie Vanillin, Zitronat oder Backmischungen stehen nicht im Regal, sondern palettenweise in Sonderverkaufszonen.

Neben den Verkaufsständern und Kartonagendisplays gibt es auch noch die regalgerechte Verpackung, auch „Shelf Ready Packaging" (SRP) genannt: logistische Verkaufseinheiten, die im Grunde nahezu das Regal ersetzen. Mit ihr besteht die Möglichkeit, ein vollständiges Warensortiment ansprechend zu platzieren und zu präsentieren – und gleichzeitig auch zu transportieren. Sie kann aus allen Packstoffen bestehen, z. B. Kisten, Kästen, Kartons, Displays.

Praktikable Mehrwerte für Verbraucher

Für den Endverbraucher sind vor allem Verpackungen interessant, die über ihre Verpackungs- und Transportfunktion hinaus noch einen praktikablen Mehrwert bieten; beispielsweise Kisten, die sich als Aufbewahrungsbox weiterverwenden lassen. Exemplarisch kann hier die Plastik-Minikiste von Surplus Systems, Wesseling, angesehen werden: In ihren Abmaßen von 17,3 cm × 26,6 cm ist sie für den Handel ideal als Transportverpackung für Obst und Gemüse geeignet. Gleichzeitig dient sie dem Handelsunternehmen als praktikables Marketinginstrument für seine Kunden am Point of Sale. Dem Konsumenten werden in der Minikiste optisch ansprechende Waren präsentiert, die er kaufen und zusammen mit der Minikiste nach Hause transportieren kann. Die Minikiste von Surplus Systems ist ein gutes Beispiel für eine Verpackung, die drei Funktionen gleichzeitig erfüllt: Sie ist Verkaufs-, Umverpackung und Transportverpackung in einem.

Sie sprechen im B2C-Geschäft von Verpackungs-Mehrwerten, die über den technisch-funktionalen Grundnutzen hinausgehen. Inwieweit sind diese Mehrwerte für einen erfolgreichen Vertrieb relevant?

Ekart Kuhn: Ziel von Vertrieb ist der Verkauf und das Generieren neuer Geschäftsfelder. In diesem Punkt unterscheidet sich der Ver-

Abb.5: Verkaufs-, Umverpackung und Transportverpackung in einem – die Minikiste von Surplus Systems ist für den Vertrieb von Food- und Non-Food-Produkten geeignet (Quelle: Surplus Systems)

trieb von Verpackungen in keiner Weise von dem anderer Branchen. Vertriebsentscheidend sind aber in jedem Fall die implizierten Vorteile, die in den jeweiligen Verpackungsmaterialien stecken. Diese gilt es argumentativ herauszustellen – und zu verkaufen. Zu den Nutzenaspekten zählen beispielsweise Verpackungsmenge, Verpackungsgewicht, Verpackungskosten, Qualität, Haltbarkeit, Haptik, Optik und Tragekomfort, um nur einige zu nennen. Das Einzigartige ist immer das Besondere. Und das lässt sich in der Regel auch am überzeugendsten verkaufen.

Gibt es Packmittel, von denen man sagen kann, dass sie sich am einfachsten vertreiben lassen?

Ekart Kuhn: Papier und Kartonage. Das sind Produkte, die jedes produzierende Unternehmen im Alltagsgeschäft benötigt. Sie werden in Mengen verarbeitet und transportiert und sind relativ leicht herzustellen. Anders sieht es bei Spezial-, Design- oder auch bei Mehrwegverpackungen wie Getränkekisten aus. Hier sind Herstellung und Vertrieb wesentlich aufwendiger, die Unternehmen müssen produktionstechnisch in Vorleistung gehen. Auch in der Fertigung ist ein

Leicht herzustellen: Papier und Kartonage

Fünf Grundstoffe Kunststoffkasten natürlich wesentlich teurer als Papier, das über eine Maschine kilometerweit heruntergeproduziert wird. Die Verpackungen lassen sich in fünf Grundstoffe kategorisieren: Holz, Papier/Kartonage, Metall, Glas und Kunststoffe. Kunststoffverpackungen wiederum treten in Formen wie Folien, Kästen oder Boxen auf. Im Gegensatz zu diesen Grundstoffen werden z. B. Metallverpackungen bedeutend seltener verwendet; sie finden hauptsächlich Einsatz bei Getränkedosen und Fertigprodukten in Konserven. Sie sind also im Mehrwegbereich angesiedelt; Gitterboxen sind ein gutes Beispiel.

Wenn es in der Industrie Präferenzen für bestimmte Verpackungsmittel wie für Kartonage gibt, liegt der Schluss nahe, dass es sich um ein Massengeschäft und um etablierte Vertriebswege handelt. Welche Arten von Vertriebswegen gibt es? Unterscheiden sie sich hinsichtlich der Packmittel?

Distributionswege von Packmitteln **Ekart Kuhn:** In Abhängigkeit von den Packmitteln gibt es natürlich Unterschiede; Kartonage wird anders distribuiert als Kisten und Paletten. Der Kistenhersteller im B2B-Bereich macht in der Regel ein Projektgeschäft. Unternehmen wie die Brauerei Veltins wenden sich an den Hersteller mit der Anforderung: „Ich brauche zehn Millionen neue Kästen". In diesem Fall haben wir es mit einem Spezialgeschäft im Direktvertrieb zu tun. Anders sieht es mit Me-too-Produkten aus, die ein Verpackungshersteller in der Fläche verkauft; Klappkästen z. B., die heute in jedem Verbrauchermarkt zu erstehen sind.

Dann haben wir Großhändler wie Schäfer-Shop, die alle Arten von Packmitteln vertreiben – von der Mülltonne über den Karton bis hin zum Transportwagen. Die Händler gehen im Vertrieb über Katalogware und/oder über den Online-Vertrieb. Zum Teil gibt es auch noch klassische Vertriebswege wie Mitnahmemärkte.

Allgemein lassen sich vielleicht zwei Vertriebswege klassifizieren: der klassische Vertrieb und das Key-Account- oder Projektgeschäft. Der E-Commerce spielt in unserem Geschäft eher eine untergeordnete Rolle.

Lässt sich eine Tendenz in Richtung klassischer Vertrieb oder Projektgeschäft feststellen?

Ekart Kuhn: Bei der Verpackung geht der Trend eindeutig weg von der Standardisierung. Mit Ausnahme der Transportverpackung ist im klassischen Konsumentenbereich eine Entwicklung hin zur Individualisierung bei Verpackungen festzustellen. Entsprechend richtet sich der Vertrieb auf das Projektgeschäft aus. Denken wir nur an die Vielfalt in der Getränkeflaschenproduktion. Während es beim Bier früher nur drei bis vier unterschiedliche Flaschenformen gab, z. B. die sogenannte Nordrhein-Westfalen-Flasche, eine Longneck-Flasche oder die Steini-Flasche, entwickelt heute fast jeder Hersteller seine eigene Flaschenform, mittels derer er sich vom Wettbewerb unterscheidet. Es sind nunmehr die Individualformen der Flaschen und nicht mehr die Etiketten auf den Flaschen, die auf den Absender der Ware und den Inhalt des Produktes hinweisen. Die Bierflasche wird zum Verpackungsdesign und somit zum Spiegel der Corporate Identity.

Bedeutet diese Entwicklung, dass der Vertrieb von Verpackungen in Zukunft an Bedeutung gewinnt?

Ekart Kuhn: Absolut. Überall dort, wo anstelle der Standardisierung die Individualisierung von Verpackungen getreten ist, benötigt ein Unternehmen im Key-Account-Management hervorragend ausgebildete Vertriebsspezialisten. Ein guter Vertriebsmann muss ein Allrounder sein: Er muss ausgezeichnete Fach- und Branchenkenntnisse besitzen, er muss die Märkte und die Empfängerstrukturen kennen, er muss die Vertriebswege der Kunden verstehen, und – nicht zu vergessen – er muss auf den Gebieten Logistik, Warenkunde, Design, Marketing und viele mehr bewandert sein.

Individualisierung statt Standardisierung

Ein guter Vertrieb zeichnet sich durch fachkundige Spezialisten aus. Welche weiteren Faktoren spielen darüber hinaus eine entscheidende Rolle für einen nachhaltigen Vertriebserfolg im Projektgeschäft?

Ekart Kuhn: Wichtig sind zum einen persönliche Kontakte, zum anderen aber auch Innovationen, Funktionalität und Qualität von Ver-

Verkaufsargument: Kostenersparnis und persönlicher Kontakt

packungen: Schutzfunktion, Haltbarkeit, Transportfähigkeit, Gewicht. Früher z. B. hat eine PET-Flasche 50 Gramm gewogen, heute wiegt sie nur 30 Gramm – und das bei verbesserten Eigenschaften. Mit diesen Vorteilen lässt sich die Verpackung einfacher und schneller verkaufen. Die Volumen- und Gewichtsreduzierung wirkt sich beispielsweise auch auf Transportkosten wie Kraftstoff und Mautgebühren oder auf die Personalkosten aus.

Am Wichtigsten aber ist und bleibt der persönliche Kontakt zwischen Vertriebsspezialisten und Kunden. Das Geschäft in der Verpackungswirtschaft ist stark personalisiert: Man kennt sich, man schätzt sich. Die Produkte werden im direkten Gespräch präsentiert. Manchmal werden hier auch gleich zusammen mit dem Produktentwickler und dem Konstrukteur neue Zeichnungen angefertigt, die Verpackung also den Kundenwünschen entsprechend entwickelt oder angepasst.

Sind beim Vertrieb von Verpackungen entsprechend ganzheitliche Lösungen gefragt?

Ganzheitliche Lösungen

Ekart Kuhn: Eindeutig ja. Ein wirklich guter Verkäufer bietet ganzheitliche Produktlösungen an. Er fokussiert sich nicht allein auf den Vertrieb eines speziellen Packmittels. Er bietet gleichzeitig auch Beratung, Innovation, Kontakte und Lösungen entlang der Wertschöpfungskette an – von der Entwicklung bis hin zum Recycling. Diese Kompetenz ist im Markt sehr gefragt; allerdings auf eine Person bezogen, ist sie selten in dieser Komplexität zu finden. Aus diesem Grund gibt es in der Verpackungswirtschaft diverse Beratungsunternehmen und Dienstleister – sowohl auf der Seite der Verpackungshersteller als auch aufseiten der Industrie.

Betrachten wir zum Schluss das Thema Globalisierung. Inwieweit unterscheidet sich der innerdeutsche Vertrieb von Verpackungen vom internationalen Geschäft?

Ekart Kuhn: Europäische Standardisierung ist ein wichtiger Punkt auf der Agenda. Bislang haben wir in Europa immer noch unterschiedliche Standardmaße. Auch international herrschen andere

Verpackungsgrößen und Transportstandards vor. Sie sind kaum miteinander kompatibel. Entsprechend werden unterschiedliche Transportgefäße benötigt. Bei den gängigen 20- und 40-Fuß-Schiffscontainern beispielsweise ist das Problem besonders gravierend. Diese haben ein Innenmaß, in das unsere Standardverpackung Euro-Palette nicht hineinpasst. Die Konsequenz: Die auf Paletten angelieferte Ware wird wieder abgepackt und lose in die Container verladen. Und das in Zeiten von E-Commerce und Weltraumspaziergängen.

International unterschiedliche Standardmaße

Das ist doch ein Problem, das sich leicht lösen ließe ...

Ekart Kuhn: Ja und nein. Technisch gesehen wäre es sicherlich leicht zu lösen. Aber es geht kein Hersteller an dieses Thema heran. Die Schwierigkeit liegt darin, dass wir weltweit unterschiedliche Restriktionen haben bezüglich der Zulassung von Verpackungen. So dürfen beispielsweise Holzverpackungen für den Transport von Europa nach Fernost, aber auch nach USA oder Kanada nur noch unter ganz bestimmten Bedingungen verwendet werden. Das alles sind Themen, die noch für Jahrzehnte auf der Agenda stehen – und auf eine befriedigende Lösung warten.

Kapitel 4
Public Relations für Verpackungen – Kommunikationswege und Instrumente

Thordis Eckhardt

In diesem Kapitel geht es um die Kommunikation für Verpackungen. Im Fokus stehen hierbei die Begriffe Public Relations (PR) und Produkt-PR. Sie werden in ihrer Bedeutung und in ihrem Einsatz für die Kommunikation mit den Zielgruppen der Verpackungswirtschaft vorgestellt. Im Weiteren werden Kommunikationswege und -instrumente, Medien und Themen aufgezeigt, die für eine erfolgreiche Kommunikation über Produkte und Unternehmen in der Verpackungsbranche relevant sind. Das besondere Augenmerk gilt hierbei der Darstellung der Face-to-Face-, Print- und der Elektronischen Kommunikation.

Der Markt der Verpackungswirtschaft ist hinsichtlich seiner Kommunikation über Produkte, Dienstleistungen und Unternehmen ein besonderer Markt. Diese Tatsache liegt in den originären Produkten der Branche – den Packmitteln – begründet, die sich an eine relativ kleine und homogene Zielgruppe richten: den Business-to-Business-Kunden (B2B). *Marktbesonderheit*

Die B2B-Kunden der Verpackungswirtschaft stellen hoch individuelle Anforderungen an ihre Produkte. In der Kommunikation geht es aus diesem Grund nahezu ausschließlich um Leistungen und Funktionen sowie um das Preis-Leistungs-Verhältnis von Verpackungen. Anhand der vermittelten Informationen werden Kaufentscheidungen für oder gegen ein neues Produkt getroffen. Der Endverbraucher als B2C-Kunde ist an dieser Stelle von der Kommunikation über Verpackungen ausgeschlossen. Er kommt nur marginal mit dem Produkt „Verpackung" in Verbindung – am Point of Sale, wenn er ein Produkt seiner Wahl kauft, das in einer entsprechenden Transport- oder Schutzverpackung angeboten wird. *Ansprüche von B2B-Kunden*

Hinsichtlich der Kommunikation für Verpackungen steht also vorrangig das Produkt „Verpackung" im Mittelpunkt. Die Verpackung soll im B2B-Markt eingeführt und mittels spezifischer Informationen bei Industrieunternehmen – die die Verpackung für die Weiterverarbeitung ihrer eigenen Produkte benötigen – bekannt gemacht werden.

Mehrwert durch Produkt-PR

Mittels der Produkt-PR erfahren Kunden und potenzielle Käufer Nutzen und Mehrwerte der Verpackung. Ist eine neue Verpackung im Markt eingeführt, bei Kunden bekannt und für seine Leistungen und Funktionen geschätzt, entsteht ein positives Produkt- und bestenfalls auch ein positives Unternehmensimage. Konzentriert sich die Public Relations in erster Linie auf ein Produkt, wie z. B. auf eine Verpackung, wird von Produkt-PR gesprochen.

Um die skizzierten kommunikativen Ziele von Public Relations und Produkt-PR zu erreichen, sind in diesem Zusammenhang auch entsprechende Informationen über den Hersteller der Produkte relevant, also Informationen über das Unternehmen, das die Verpackung entwickelt, produziert oder vertreibt. Das Know-how, die Kompetenz und das Image des herstellenden Unternehmens spielen eine ebenso wichtige Rolle im Entscheidungs- und Kaufprozess von Kunden wie spezifische Informationen über das Produkt „Verpackung" selbst. In diesem vertrauensbildenden Prozess zwischen Verpackungshersteller und Anwender – das sind im Regelfall Industrieunternehmen – spielen andere marktkommunikative Maßnahmen, wie z. B. die Werbung, eine untergeordnete Rolle. Sie kommen in diesem Zusammenhang eher selten zum Einsatz.

Zwei-Säulen-Kommunikation

Im Folgenden konzentriert sich die Darstellung „Kommunikation für Verpackungen" auf Public Relations und Produkt-PR. Sie stellen die beiden elementaren Säulen im Kommunikationsprozess der Verpackungswirtschaft dar. Public Relations und Produkt-PR ergänzen sich in ihren Zielsetzungen und im Einsatz ihrer Kommunikationsmaßnahmen und -instrumente – und formen auf diese Weise das kommunikative Gesamtbild, das sich Kunden von einem Produkt oder einem Unternehmen und seinen Dienstleistungen bilden. Dieses Vorstellungsbild in den Köpfen der Zielgruppen sollte nach Möglichkeit einheitlich, authentisch und widerspruchsfrei sein. Um dieses Ziel zu erreichen, müssen Public Relations und Produkt-PR im Unternehmen langfristig geplant, konzeptionell erarbeitet und eng an der Unternehmensstrategie ausgerichtet sein. Das erfordert eine inhaltliche und zeitliche Abstimmung sämtlicher zur Verfügung stehender PR-Maßnahmen und PR-Instrumente im Sinne einer Integrierten Kommunikation.

Funktional und organisatorisch sollten Public Relations und Produkt-PR in unternehmensinternen Stabstellen angesiedelt sein, bestenfalls im Bereich der Corporate Communications, auch Unternehmenskommunikation genannt. In der Praxis werden sie zum Teil auch den Bereichen Marketing oder Vertrieb zugeordnet. Zielgruppen von Public Relations und Produkt-PR sind im Allgemeinen B2B- und B2C-Kunden, Journalisten, Entscheidungsträger aus Verbänden und Politik sowie auch die breite Öffentlichkeit.

Stabstelle Public Relations

1 Kommunikationswege und Medien für Verpackungen

Die Kommunikation für Verpackungen findet fast ausschließlich innerhalb der Verpackungsbranche und hier in Bezug auf die Fach- und Wirtschaftsmedien statt. Die Kommunikationswege laufen auf vertikaler und horizontaler Kommunikationsebene. Die vertikale Ebene beschreibt die brancheninterne Kommunikation, also die Kommunikation, die zwischen den Unternehmen der Verpackungswirtschaft stattfindet. Sie erfolgt vorrangig über Fachmedien und Publikationen aus der Branche. Themen, über die berichtet wird, sind z. B. neue Ventilapplikationen für Ketchup-Flaschen, sterilisierbare Beutel für die Mikrowelle, neue Flaschen- und Dosentrocknungssysteme, filigrane Faltschachteln mit Heißfolienprägung, Informationen über Geschäftsentwicklungen, neue Einsatz- oder Anwendungsgebiete von Verpackungen. Absender der Informationen sind z. B. Hersteller von Packmitteln, Packhilfsmitteln oder Verpackungsmaschinen. In anderen Fällen kommen die Kunden der Hersteller selbst zu Wort: Sie berichten z. B. über den Einsatz und die Erfahrungen mit einem Produkt, das sie jüngst erworben und aktuell im Einsatz haben – sogenannte Anwenderberichte; auch Success Stories genannt. In

Vertikale und horizontale Kommunikationswege

ihnen werden Nutzen, Funktionalität und Vorteile von Verpackungen aus Kundensicht beschrieben: Unternehmen schildern beispielsweise den Einsatz einer neuen Abfüll- und Verpackungsanlage für Mehrwegglasflaschen oder die Anwendung neuer Thermo-Inkjet-Drucker zur Etikettierung und Codierung von Flaschen für Healthcare- und Pharma-Produkte, z. B. „Odol" oder „Umckaloabo".

Fachmedien der Verpackungswirtschaft

Zu den bekannten Fachmedien der Verpackungswirtschaft zählen u. a. die Zeitschriften „PackReport"[1], „Verpackungs-Rundschau"[2], die „neue verpackung"[3] oder der „Europäische Wirtschaftsdienst EUWID" mit seinem wöchentlich erscheinenden Informationsblatt „EUWID Verpackungen"[4]. Sie thematisieren die neuesten Informationen über das Produkt „Verpackung" sowie über die Unternehmen der Branche. Die Verpackungswirtschaft lässt sich wie folgt unterteilen:

- Packmittelindustrie
- Packhilfsmittelindustrie
- Verpackungsmaschinenbau
- Dienstleister

Kommunikationswege

Die Kommunikation über innovative, bewährte oder weiterentwickelte Produkte erfolgt in den Fachmedien zum einen zwischen den Verpackungsherstellern, der Verpackungsindustrie und dem Verpackungsgroßhandel. Zum anderen findet Kommunikation zwischen dem Großhandel und dem Einzelhandel statt sowie zwischen dem Handel und den Rücknahme- und Entsorgungssystemen. Die Fach- und Branchenmedien sowie die Werbewirtschaft nehmen eine Multiplikator- und Vermittlungsfunktion zwischen den Akteuren ein.

Die zweite Kommunikationsebene in der Verpackungswirtschaft betrifft die horizontale – branchenübergreifende – Kommunikation. Sie

---

[1] vgl. Pack Report: News des Tages, http://www.packreport.de, 13.10.2009
[2] vgl. Verpackungs-Rundschau: News, http://www.verpackungsrundschau.de, 13.10.2009
[3] vgl. neue verpackung: Neue Produkte, http://www.neue-verpackung.de, 13.10.2009
[4] vgl. EUWID Verpackung: Nachrichten, http://www.euwid-verpackung.de, 13.10.2009

umfasst Produkte, Unternehmen und Branchen, die nicht ausschließlich auf das Produkt Verpackung fokussiert sind. Beispielhaft seien hier Lebensmittel- oder Konsumgüterproduzenten erwähnt, die sich mit originären Produkten wie Obst und Gemüse oder Hightech-Plasmabildschirmen beschäftigen. Das Thema „Verpackung" spielt für diese Unternehmen zwar keine zentrale, aber eine konstant wichtige Rolle in ihrem Produktions- und Vertriebsprozess. Nahezu jedes Unternehmen – unabhängig von der Branche – benötigt Packmittel und Packhilfsmittel zum Transport, zur Lagerung oder zur Kennzeichnung seiner Waren. Aus diesem Grund wird in den entsprechenden Fachmedien wie beispielsweise der „Lebensmittel Zeitung"[5], dem „Fruchthandel"[6] oder der „Food-Technologie"[7] in regelmäßigem Turnus auch über das Thema „Verpackung" berichtet. Die Informationen zum Thema „Verpackung" stellen einen Mehrwert für die Leser dar. Im umgekehrten Fall greifen auch Unternehmen aus der Verpackungswirtschaft – Verpackungshersteller, -vertreiber oder die Industrie – auf die Medien der horizontalen Kommunikationsebene zurück, um ihr Produkt „Verpackung" beispielsweise in der „Lebensmittel Zeitung", der „Food-Technologie" oder einem Fachmagazin aus der Logistik-Branche zielgruppengenau zu platzieren, um hier für Aufmerksamkeit, Akzeptanz und Absatz des Produktes im Markt zu sorgen.

Horizontale Kommunikation

Der Konsument als Endverbraucher bleibt von der sowohl brancheninternen als auch branchenübergreifenden Kommunikation hinsichtlich Forschung, Entwicklung, Produktion und Vertrieb von Verpackungen und Technologien zumeist ausgeschlossen. Er wird, wie bereits erwähnt, lediglich am Ende der Prozesskette, bei der haushaltsnahen Entsorgung von Verkaufs- und Transportverpackungen, Batterien oder Elektro-Altgeräten in die Kommunikation mit einbezogen. Informationen an Endverbraucher beschränken sich in der Regel auf die Entsorgungsoptionen von Verkaufsverpackungen am Point of Sale, z. B. beim Kauf eines Fernsehers im Fachgeschäft, oder auf den Kauf und die Bereitstellung der sogenannten

B2C-Kunden

---

[5] vgl. Lebensmittel Zeitung: Top News, http://www.lz-net.de, 13.10.2009
[6] vgl. Fruchthandel: FH-Newsnet, http://www.fruchthandel.de, 13.10.2009
[7] vgl. Food-Technologie: Food Technologie aktuell, http://www.harnisch.com, 13.10.2009

gelben Tonne vor der eigenen Wohnungstür. In beiden exemplarischen Fällen handelt sich um eine haushaltsnahe Entsorgung von Verpackungsmaterialien als Abfallstoffe.

Fazit Produkt-PR

Zusammenfassend lässt sich festhalten: Unter Produkt-PR wird der Teil der Kommunikationsarbeit von Unternehmen verstanden, der sich mit den Produkten und seinen Leistungsmerkmalen beschäftigt. Ziel ist hierbei, für Bekanntheit, Akzeptanz und Profilierung der Produkte im Markt zu sorgen.[8] Im Markt der Verpackungswirtschaft stellt also die Verpackung das Produkt dar.[9]

2 Kommunikationsthemen für Verpackungen: Produktnutzen-Aspekte

Nutzenstiftende Funktionen

Das Produkt „Verpackung" zeichnet sich durch eine Vielzahl Nutzen stiftender Funktionen aus, die in ihrer Materialbeschaffenheit, Stabilität und Funktionalität begründet liegen. Verpackungen kommen daher für unterschiedliche Aufgaben zum Einsatz. Die spezifischen Nutzenaspekte von Produkten gilt es in der Produkt-PR kommunikativ herauszuarbeiten, produktspezifisch aufzubereiten und mithilfe adäquater Kommunikationsinstrumente zielgruppengenau an die Empfänger zu kommunizieren.

Zu den Nutzen stiftenden Funktionen[10] des Produktes „Verpackung" zählen:

- technisch funktionaler Nutzen
- geistig-seelischer Zusatznutzen
- ästhetischer bzw. sinnlicher Nutzen

Bei dem Produkt Verpackung, dessen Kommunikation hauptsächlich im B2B-Markt erfolgt, steht der funktionale Nutzenaspekt im Vordergrund: die Schutz-, Lager-, Lade-, Transport- und Kommunika-

---

[8] vgl. Szyszka 2004, S. 67
[9] siehe Kapitel 1
[10] vgl. Meffert 2000, S. 437 ff.

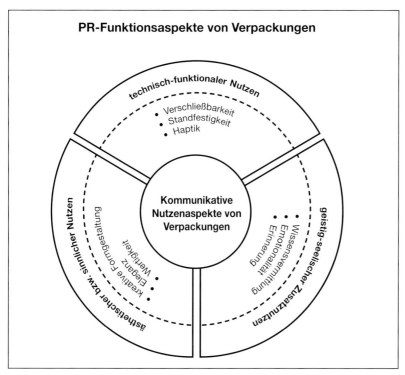

Abb. 1: Verpackungen üben Nutzen stiftende Funktionen aus. Sie lassen sich zur öffentlichkeitswirksamen Kommunikation heranziehen. (Quelle: Thordis Eckhardt)

tionsfunktion von Verpackungen. Emotionale Zusatznutzen wie geistig-seelische oder sinnliche Aspekte spielen in der Kommunikation zwischen Verpackungsherstellern, Verpackungsindustrie und Handel eine untergeordnete Rolle. Sie werden für die Kommunikation erst relevant, wenn die Verpackungen den Konsumenten erreichen.

Zusatznutzen von Verpackungen

Entsprechend differenziert stellt sich das Kommunikationsumfeld in der Verpackungswirtschaft dar. In Abhängigkeit der fokussierten Kommunikationsziele, -zielgruppen, -themen und -botschaften wird in der Kommunikation auf Public Relations und/oder auf die Produkt-PR zurückgegriffen. Bei Ersterer wird der Hersteller des Produktes, also das produzierende Unternehmen, in den Vordergrund der Kommunikation gerückt bzw. in einen engen Zusammenhang mit dem Produkt gebracht. Bei der Produkt-PR steht das Produkt „Verpackung" im Fokus der Kommunikation. Im Idealfall wird ein übergeordnetes Ziel verfolgt: Mithilfe der Kommunikation für Verpackungen sollen im Markt Aufmerksamkeit für Unternehmen und Produkte geschaffen, Innovationen präsentiert, Bekanntheit erzeugt, über den Nutzen des Produktes informiert, der Produktabverkauf forciert und ein positives Produkt- und/oder Unternehmensimage aufgebaut werden.

3 Kommunikationsinstrumente für Verpackungen: Face-to-Face-, Print- und Elektronische Kommunikation

Auswahl der Kommunikationsinstrumente

Zur Erreichung der skizzierten Kommunikationsziele bedienen sich Unternehmen in der Kommunikation für Verpackungen unterschiedlicher öffentlichkeitswirksamer Kommunikationsinstrumente, die sich in drei Kategorien[11] zusammenfassen lassen:

- Face-to-Face-Kommunikation
- Print-Kommunikation
- Elektronische Kommunikation

Während sich die Face-to-Face-Kommunikation auf den direkten persönlichen Austausch von Informationen, beispielsweise bilaterale Gespräche auf Messen oder Events wie den „Tag der offenen Tür", konzentriert, sind die Print- und die Elektronische Kommunikation auf die Vermittlung von Botschaften über multilaterale und mehrkanalige Wege, z. B. Fach- und Wirtschaftsmedien, TV-, Hörfunk- oder Online-Kommunikation, ausgerichtet. Die Wahl eines geeigneten Kommunikationsweges hängt vom Inhalt, dem Ziel und der avisierten Zielgruppe der Produkt-PR ab. Im Idealfall lassen sich Face-to-Face-Kommunikation, Print-Kommunikation und Elektronische Kommunikation miteinander kombinieren und zusammen mit den Instrumenten des Marketings in Form einer Integrierten Kommunikation umsetzen.

---

[11] vgl. Schick 2005, S. 52

Kommunikationswege und öffentlichkeitswirksame Kommunikationsinstrumente

Face-to-Face-Kommunikation	Print-Kommunikation	Elektronische Kommunikation
Instrumente: • Messe • Journalistengespräche • Pressekonferenzen • Pressehintergrundgespräche • Tag der offenen Tür • Zusammenarbeit mit Universitäten, Hochschulen	Instrumente: • Pressemitteilungen • Anwenderberichte • Produktberichte • Verbandspublikationen • Messe-, Produkt- und Lieferantenkataloge • Unternehmenspublikationen	Instrumente: • Homepage • Newsletter • B2B-Portale • Online-Magazine • Weblogs • Communities • Twitter

Abb. 2: Für die Kommunikation über Verpackungen lassen sich drei unterschiedliche Kommunikationswege nutzen: Face-to-Face-Kommunikation, Print-Kommunikation und die Elektronische Kommunikation. (Quelle: Thordis Eckhardt)

Instrumente der Face-to-Face-Kommunikation

Messeveranstaltungen

Die Face-to-Face-Kommunikation in der Verpackungswirtschaft findet seit Jahrzehnten auf etablierten Wegen statt: auf Messen wie der FachPack[12] in Nürnberg, Fachmesse für Verpackungslösungen, auf der Messe interpack[13], processes and packaging in Düsseldorf, der PrintPack[14], Fachmesse für Verpackungsdruck und Packmittelproduktion, Nürnberg oder auch auf der Luxe Pack[15], Monaco, Messe für Luxus-Verpackungen.

Etablierter Kommunikationsweg

Hersteller, Industrie, Handel und Dienstleister präsentieren ihre Produkte, Lösungen und Services an einem Ort, an dem sich

---

[12] vgl. FachPack: Rückblick 2009, http://www.fachpack.de/de/default.ashx, 12.10.2009
[13] vgl. interpack: Wirtschaft und Aktuelles, http://www.interpack.de, 12.10.2009
[14] vgl. PrintPack: Info für Besucher, http://www.printpack.de/de/default.ashx, 12.10.2009
[15] vgl. Luxe Pack: Press releases, http://www.luxepack.com, 12.10.2009

Marktplatz Messe ausschließlich Fachleute treffen: auf einem Messe-Event, das die gesamte Branche für einen begrenzten Zeitraum vereint. Messeaussteller und Messebesucher verfolgen gemeinsame Ziele: Miteinander ins Gespräch zu kommen, Kontakte zu knüpfen, Produktneuheiten kennenzulernen, Partnerschaften zu knüpfen, Synergien herzustellen, Waren zu verkaufen und Kunden zu gewinnen. Zu keinem anderen Zeitpunkt und an kaum einem anderen Ort lassen sich solch eine Vielzahl an Gesprächen führen und neue Geschäfte anbahnen. Für Unternehmen, die auf Messen Produkte ausstellen und vorführen, gibt es keinen größeren Marktplatz der Face-to-Face-Kommunikation. Auf dieser Veranstaltung sind alle Zielgruppen der Kommunikation vereint: Hersteller, Industrie, Handel, Medien, Verbände, Politik und Verbraucher – als Aussteller oder Besucher. Die Messe ist Informations- und Werbeplattform in einem.

Weiterer Vorteil: Über die Produktkommunikation hinaus erhält der Messebesucher oder interessierte Messeaussteller einen umfänglichen Eindruck über das Unternehmen und seine Mitarbeiter, über ihr Verhalten im Umgang mit Besuchern und Kunden, über ihre Kommunikationsstärke und über die Akzeptanz ihrer Produkte im Markt und in der Medienöffentlichkeit. Messen sind also Image-Veranstaltungen.

Meinungen und Trends antizipieren Die häufig mit Messen einhergehenden Fachkongresse und Podiumsdiskussionen zeigen Meinungen und Trends auf und erlauben Einblicke in Forschung und Entwicklung. Von speziellem Interesse und besonderem Gewicht sind auch die Messe-Abendveranstaltungen. Sie gelten als die ursprünglichste Form von Kommunikation; eine Plattform, auf der vorhergehende Gespräche in Verhandlungen münden oder Geschäfte besiegelt werden. Sie bieten zudem einen adäquaten Rahmen für ein weiteres Instrument der Face-to-Face-Kommunikation: den Journalistengesprächen.

Journalistengespräche

Die Journalisten als Multiplikatoren von Informationen sind stets an Neuheiten aus Unternehmen interessiert. Sie suchen Produkte und Innovationen aus Management, Produktion, Vertrieb und Logistik. Die Informationen sollten nach Möglichkeit exklusiv sein. Um diese

Medien-Exklusivität zu gewährleisten, greifen Public Relations auf bilaterale Gespräche zurück. Sie finden in der Regel zwischen einem bis zwei Journalisten eines Mediums und einem Vertreter des Managements und dem Leiter der Public-Relations-Abteilung statt. Ort dieser Gespräche sind zumeist der Firmensitz des Unternehmens, die Redaktion des Mediums (Redaktionsbesuche) oder auch neutrale Orte wie Restaurants, Flughäfen oder Business-Center.

Die Inhalte der Face-to-Face-Kommunikation hängen vom Fach- und Unternehmensinteresse der Journalisten bzw. von der Intention des Verpackungsherstellers oder -vertreibers ab. Das können geplante neue Geschäftsinhalte wie eine neue Produktionslinie für Dosenfüllmaschinen sein, die Erweiterung oder der Wechsel des Managements, ein geplantes Joint Venture, eine veränderte Preispolitik oder material-technische Produktinnovationen wie neue Lösungen für Heißsiegellacke in Joghurtbechern oder antimikrobiell aktive Folien. Kommunikationsrelevant sind ebenfalls Jubiläen und Auszeichnungen. Inhalte, die die Geschäftsentwicklung des Unternehmens darstellen und damit auch den Markt beeinflussen. Von dieser exklusiven Informationsvermittlung profitieren beide Kommunikationspartner: Unternehmen und Journalisten.

Kommunikationsinhalte

Neben dem Instrument der bilateralen Journalistengespräche stehen weitere Formen der Face-to-Face-Kommunikation zur Verfügung. Hierzu zählen Pressekonferenzen und Presse-Hintergrundgespräche.

Pressekonferenzen und Presse-Hintergrundgespräche

Zweck der von Unternehmen einberufenen Pressekonferenz oder der Einladung zu einem Presse-Hintergrundgespräch ist zumeist die gezielte Vorstellung neuer oder modifizierter Produkte und Herstellungsverfahren oder die Bekanntgabe neuer Zahlen, Daten und Fakten aus der strategischen und operativen Geschäftsentwicklung.

Mediengespräche

Der Unterschied zwischen Pressekonferenzen und Presse-Hintergrundgesprächen liegt in der Auswahl der Medien und der Journalisten sowie in der öffentlichen Wahrnehmung. Während Pressekonferenzen über Zeitungen und Online-Medien bekannt gemacht und

Exklusivveranstaltungen eine Vielzahl von Journalisten aus Print, Hörfunk und TV eingeladen werden, gelten Presse-Hintergrundgespräche als exklusive Veranstaltungen für wenige Journalisten ausgewählter Medien. Die Gespräche haben den Charakter individueller Pressekonferenzen. Ziel ist es, einen elitären Kreis von Journalisten auf das eigene Unternehmen aufmerksam zu machen, ihnen spezielle Einblicke und Hintergrundinformationen zu Produkten und Dienstleistungen zu vermitteln sowie die eigenen produktspezifischen Verpackungen in das Marktumfeld einzuordnen. In der Regel bauen sich Unternehmen auf diese Weise langjährige und gute Medienbeziehungen auf.

Tag der offenen Tür

Während die Kommunikation mit Journalisten und Medien vorwiegend mittels Pressekonferenzen, Pressegesprächen und Presse-Hintergrundgesprächen stattfindet, erfolgt die Kommunikation mit Interessenten, Mitarbeitern, Kunden und Nachbarn des Unternehmens über den sogenannten „Tag der offenen Tür".

Werksbesichtigungen Beim „Tag der offenen Tür" lädt z. B. der Verpackungshersteller oder die Industrie auch interessierte Zulieferer, Großhändler, Partner oder Kunden in das Produktionsunternehmen ein und präsentiert Herstellung, Verfahren und Produktionsabläufe in Echtzeit. Dieser Einblick ins Unternehmen, z. B. bei der Cölner Hofbräu P. Josef Früh KG[16], Köln, vermittelt einen authentischen Eindruck von der Modernität eines Unternehmens, seiner Leistungsfähigkeit, Produktivität und Effektivität. Die Exklusivität der Werksbesichtigung stellt für die Besucher einen Vertrauensbeweis dar und bietet darüber hinaus einen möglicherweise wettbewerbsrelevanten Informationsvorsprung. Auch diese Maßnahme trägt wie alle zuvor genannten Instrumente der Face-to-Face-Kommunikation zur persönlichen Interessenten-, Kunden- und Vertrauensbindung bei.

---

[16] vgl. Cölner Hofbräu P. Josef Früh KG: 360°-Filme – So sieht's aus …, http://www.frueh.de/ebene_2.asp?ID=2&SubID=22, 17.11.2009

Instrumente der Print-Kommunikation

Einsatz und Auswahl der Instrumente der Print-Kommunikation hängen von den zu vermittelnden kommunikativen Botschaften und den zu erreichenden Zielgruppen ab. In der Praxis werden die Instrumente der Print-Kommunikation häufig mit den Instrumenten der Elektronischen Kommunikation gemäß der Integrierten Kommunikation aufeinander abgestimmt.

Für die Print-Kommunikation können Unternehmen produktspezifische Kommunikationsinstrumente wie die klassischen Pressemitteilungen, Anwender- oder Produktberichte einsetzen. Sie werden abgedruckt in Fach- und Wirtschaftsmedien, beispielsweise in den branchenübergreifenden Fachzeitschriften „neue verpackung", „PackReport"[17], „Verpackungs-Rundschau", dem Wirtschaftsdienst „EUWID Verpackung" oder in branchenspezifischen Magazinen wie „Food-Technologie", „Lebensmittel Zeitung" oder „Brauwelt"[18]. Ferner zählen auch Verbandspublikationen und Messekataloge dazu. Publikationen aus den Unternehmen wiederum umfassen Firmen- und Imagebroschüren, Produkt- oder Informationsflyer, Geschäftsberichte, Quartalsdrucke oder Umwelt- und Sozialberichte.

Print-Produkte

Pressemitteilungen

Die Pressemitteilung ist ein klassisches PR-Instrument, über das unternehmens- und marktrelevante Informationen an die Presse übermittelt werden. Sie stellen ein Informationsangebot dar, über deren Inhalt die Medien in ihren Print-Ausgaben berichten können. Ob eine Veröffentlichung stattfindet, hängt von mehreren Faktoren ab: fachlicher Schwerpunkt und Rubrizierung des Printmediums, thematische Relevanz der Information für Markt und Öffentlichkeit, Bedeutung des Produktes oder des Unternehmens für den Markt sowie Objektivität und Neutralität der Informationen.

Relevanz von Pressemeldungen

In den Fachzeitschriften „Verpackungs-Rundschau, „neue verpackung" oder „LVT Lebensmittel Industrie[19]" beispielsweise werden

---

[17] vgl. PackReport: News des Tages, http://www.packreport.de, 13.10.2009
[18] vgl. Brauwelt: Report, http://www.brauwelt.de, 13.10.2009
[19] vgl. IVT Lebensmittel Industrie: Inhalt, http://www.gitverlag.com/de/print/6/42/index.html, 13.10.2009

den Informationen aus den Unternehmen jeweils separate Rubriken mit Namen „Nachrichten" bzw. „News" eingeräumt. Je nach Medium, Platzkapazität und Verlagsphilosophie werden hier Pressemitteilungen vollständig abgedruckt oder in journalistisch aufbereiteter, zumeist gekürzter, Form wiedergegeben. Inhaltlich wird über Informationen berichtet wie:

- „CCL Industries Inc. entscheidet sich für Etiketten-Lösung von Rotocontrol"[20]
- „Mondi nimmt neue Maschine im polnischen Swiecie in Betrieb" [21]
- „BIZERBA GMBH & Co. KG: Füllmengenkontrolle und Prozessoptimierung"[22]

Anwender- und Produktberichte

Mehrwert
Success Story

Im Vergleich zu den Pressemitteilungen konzentrieren sich Anwender- und Produktberichte fast ausschließlich auf die Darstellung und Beschreibung von Produkten, ihrer Funktionsweise und ihrem Nutzen. Sie umfassen inhaltlich zwei bis fünf Seiten und beleuchten aus Sicht eines Kunden – den sogenannten Anwendern – die Vor- und Nachteile des Produktes im operativen Geschäft. Anwenderberichten wird aus diesem Grund ein objektiver Status und eine höhere Glaubwürdigkeit des Inhalts zugeschrieben als z. B. den Produktberichten, die in der Regel direkt aus den Presseabteilungen der produzierenden Unternehmen stammen.

Anwender- und Produktberichte sind zur Veröffentlichung in Fachmagazinen und auch auf der eigenen Homepage des Unternehmens gedacht. Sie sollen für die Bekanntheit des Produktes sorgen, seine Funktionsweise erläutern sowie Einsatzmöglichkeiten und Nutzen aus Sicht der Kunden darstellen.

Zwei Beispiele aus den Fachzeitschriften „neue Verpackung"[23] und „Verpackungs-Rundschau"[24]:

---

[20] o. V., 2009a, S. 6
[21] o. V., 2009b, S. 1
[22] o. V., 2009c, S. 1279
[23] o. V., 2009d, S. 38–40
[24] Unkrig 2009, S. 10–12

Public Relations für Verpackungen

TECHNIK

Schneller, einfacher, schonender, flexibler

JRG verpackt Armaturenteile mit Tiefzieh-Verpackungslinie | Neue Wege in der Verpackung seiner Armaturen und Fittings geht die schweizerische Georg Fischer JRG AG. Letztes Jahr wurden die bisher eingesetzten Schlauchbeutelmaschinen, die den Anforderungen hinsichtlich Flexibilität, Präzision und Schnelligkeit nicht mehr genügten, durch eine komplette Tiefzieh-Maschinen-Linie ersetzt.

Für Installateure und Bauunternehmen ist der Name JRG ein Begriff: Jede zweite Baustelle in der Schweiz wird nach Darstellung von Rolf Blatter mit den Sanipex-Produkten von JRG beliefert. Seit einem Jahr gehört JRG zur Georg Fischer AG und firmiert neu unter Georg Fischer JRG AG. Als ein führender Hersteller von hochwertigen und innovativen Produkten für die Haus- und Heizwasserversorgung hat die Gruppe weltweit rund 20.000 Kunden, im Heimatmarkt Schweiz sind es rund 8.000. Die Produkte gehen grundsätzlich nur an professionelle Installateure, die eine Schulung bei JRG gemacht haben.

Ein Unternehmen mit einer solchen Stellung im Markt und mit dieser Kundenzahl hat nicht zuletzt große logistische Herausforderungen zu bewältigen.

Beim schweizerischen Armaturenspezialisten Georg Fischer JRG AG werden Armaturen nicht mehr in Schlauchbeuteln, sondern in tiefgezogenen Behältern verpackt.
(Fotos: Georg Fischer JRG AG)

Diese werden durch die erst kürzlich erfolgte Integration der JRG in die Georg Fischer AG noch einmal größer. Roman Belser, verantwortlich für die Arbeitsvorbereitung der Vormontage, erklärt die Gründe: „Nach der Integration wird das Verkaufssortiment stark erweitert werden. Dadurch entstehen neue Anforderungen bei der Lagerung und der Disposition der Waren. Wir wollen durch Reduzierung der Losgrößen noch flexibler werden, was in der Konsequenz mehr Umrüstungen an den Verpackungslinien erforderlich macht."

Dadurch erwächst zusätzlicher Bedarf an Verpackungsmaschinen mit höherer Leistung und gleichzeitig auch höherer Flexibilität. Und nicht zuletzt geht es um das schonende Verpacken der Armaturen und anderer Bauteile. Auch wenn diese Industriegüter stabil aussehen, können sie dennoch leicht beschädigt werden, lässt man sie beispielsweise während des Verpackungsprozesses vertikal in einen Schlauchbeutel hineinfallen.

Stabile Verpackungen sind deshalb für JRG das A und O. Da die Verpackungen nicht an den Endverbraucher gehen, ist die Optik zweitrangig. „Wichtig ist, dass die Teile vollständig und unbeschädigt beim Bauunternehmen oder beim Installateurbetrieb ankommen und dass nicht zu viel Verpackungsabfall entsteht", umreißt Roman Belser das Anforderungsprofil.

Nachteile der Schlauchbeutelmaschinen

Probleme verursachte bei den bisher eingesetzten Schlauchbeutelverpackungen unter anderem das stark unterschiedliche Gewicht der in einem Beutel zu verpackenden Teile. So fällt beispielsweise die Bedienungsanleitung weit langsamer als die Armatur. Unter Umständen muss man bei einer Schlauchbeutellösung sogar einzelne Teile getrennt verpacken, damit diese nicht gegeneinander stoßen

38 | neue verpackung 8.2009

Abb. 3: Beispielhafter Anwenderbericht über den Einsatz von Verpackungen und Produkten der Firma JRG (Foto: Georg Fischer JRG)

||||||||| Lebensmittel+Getränke

Hochleistungstechnik für das „König der Biere"
Neue KHS-Linie managt die Abfüllung bei der Duisburger König-Brauerei

Im vergangenen Jahr feierte die König-Brauerei ihr 150-jähriges Bestehen – unter anderem mit einem kleinen Dankeschön an die einheimische Bevölkerung. Duisburger Haushalte erhielten jeweils einen Gutschein für ein Sixpack König Pilsener, König Pilsener Alkoholfrei oder König Pilsener Lemon, der an einem bestimmten Tag im letzten August einzulösen war. 30 Prozent der Bevölkerung nutzten das Angebot und holten sich ihr persönliches Sixpack ab. Guido Christiani, Geschäftsführer Produktion/Technik der König-Brauerei, blickt zurück: „Wir hatten eine enorme Anzahl an Sixpacks für unsere Jubiläumsaktion bereitzustellen. Dank neuer KHS-Anlagentechnik managten wir das vollkommen mühelos".

Während König Pilsener vor allem in Einwegglasflaschen und Dosen in Exportmärkte gelangt, ist innerhalb Deutschlands neben dem Fassgebinde insbesondere die Mehrwegglasflasche das Gebinde der Wahl. Dementsprechend gehen 59 Prozent des Brauereigesamtausstoßes in der Mehrwegglasflasche, ein Prozent in der Einwegglasflasche und fünf Prozent in der Dose an den Verbraucher. Verbleiben 35 Prozent an König Pilsener im Fass. Es ist somit die Biermarke mit dem höchsten Fassbieranteil deutschlandweit.

Innovative KHS-Technik managt die Abfüllung von König Pilsener, König Pilsener Alkoholfrei sowie König Pilsener Lemon in Mehrwegglasflaschen-Varianten und verpackt sowohl in 20er- als auch in 24er-Kästen. Mit einer Abfüllleistung von 55 000 Flaschen/h handelt es sich bei der neuen KHS-Linie für die König-Brauerei um eine Hochleistungsanlage. G. Christiani: „Für unsere Premiumprodukte ist diese Linie ganz klar das passende Gegenstück im Bereich der Anlagentechnik." Premium ist auch die Halle, in der die neue Anlage positioniert ist. Die König-Brauerei machte aus zwei Hallen eine und stattete diese mit neuester Schallschutztechnik, spezieller Belüftung, hygienischen Bodenbelägen und einem besonderen Beleuchtungskonzept aus.

Der Auspacker ist auch Einpacker

Um eine hohe Effizienz der neuen Linie zu erreichen, gelangt Leergut direkt aus dem Sortierzentrum in die Anlage. Das Auspacken der bereitgestellten Kästen managt der Auspacker Innopack PPZ, der über einen einbahnigen Gebindezulauf verfügt und sieben Kästen gleichzeitig „schafft". Die Maschine ist als Aus- sowie Einpacker geeignet. Bei der König-Brauerei ist ein weiteres Exemplar des Taktpackers am Ende der Linie für das Einpacken von befüllten Flaschen bzw. Sixpacks in bereitgestellte Kästen zuständig.

Sowohl für den Aus- als auch für den Einpacker sind die Umrüstzeiten bei wechselnden Flaschen- bzw. Kastenvarianten laut Hersteller gering, da beide Innopack PPZ über ein vollautomatisch arbeitendes Formatwechselsystem verfügen. So erfolgt der Wechsel einer komplet-

Die „königliche" Produktfamilie für Premiumgenuss.

10 Verpackungs-Rundschau 8/2009

Abb. 4: Beispielhafter Anwenderbericht der König-Brauerei (Foto: König-Brauerei)

Anwenderberichte lassen sich im veröffentlichten Fachmedium auch als Sonderauflage nachdrucken (sogenannte Sonderdrucke) und zur Akquisition im Vertrieb und Marketing einsetzen.

Weitere Instrumente der Print-Kommunikation

Verbandspublikationen

Während Fachmagazine, Wirtschaftsdienste und -zeitungen zu den unabhängigen Medien zählen und für eine in der Regel objektive Berichterstattung stehen, gehören Verbandspublikationen zu den Printprodukten von Interessenvertretungen. Ihre Aufgabe ist es u. a., die Interessen ihrer Mitgliedsunternehmen zu vertreten und sie über markt-, branchen- und unternehmensrelevante Entwicklungen und Gesetzgebungen zu informieren. Dieser Informationspflicht kommen sie z. B. in Form von Print-Produkten wie Verbandspublikationen nach.

Print-Produkte von Interessensvertretungen

Zu den bekannten Verbänden mit eigener Mitgliederzeitschrift gehören:

- IK Industrievereinigung Kunststoffverpackungen e. V.[25], Bundesverband für Kunststoffverpackungen und Folien, mit ihrer Mitarbeiterzeitschrift „IK aktuell"

- Verband der Wellpappen-Industrie e. V. (vdw)[26] mit seinem Mitgliedermagazin „ausgepackt"

- Verband Deutscher Maschinen- und Anlagenbau e. V. (VDMA)[27], der Anwenderberichte seiner Mitgliedsunternehmen online veröffentlicht

- Verband Metallverpackungen e. V.[28], Interessensvertretung der Hersteller von Metallverpackungen und Verschlüssen in

---

[25] vgl. IK Industrievereinigung Kunststoffverpackungen e.V.: Willkommen auf der Homepage der IK Industrievereinigung Kunststoffverpackungen e.V., http://www.kunststoff-verpackungen.de, 14.10.2009

[26] vgl. Verband der Wellpappen-Industrie e.V. (vdw): Packstoff Wellpappe, http://www.wellpappen-industrie.de, 14.10.2009

[27] Verband Deutscher Maschinen- und Anlagenbau e.V.: VDMA Themen, http://www.vdma.org, 14.10.2009

[28] Verband Metallverpackungen e.V.: Umweltfreundlich: Metallverpackungen schaffen Nachhaltigkeit, http://www.metallverpackungen.de, 14.10.2009

> Deutschland, der die verbandspolitische Presse- und Öffentlichkeitsarbeit für seine Mitgliedsunternehmen übernimmt. Er publiziert verschiedene Informationsbroschüren wie „Lebensmittel Dosen", „Verpackungen für chemisch-technische Produkte" oder „Verpackungssystem mit Vakuumklick".

Messekatalog

Sonderpublikationen

Für Unternehmen aus der Verpackungswirtschaft finden über das Jahr verteilt eine Vielzahl von Veranstaltungen wie Kongresse, Messen und Verbandstage statt. Zu diesen Events erscheinen über die ausstellenden Unternehmen regelmäßig Sonder- und Spezialausgaben in Fachzeitschriften (Beileger), Messezeitungen und in Messekatalogen. Sie bieten ausreichend Raum, das eigene Unternehmen kunden- und öffentlichkeitswirksam darzustellen und zu positionieren.

Unternehmenspublikationen

Unter Unternehmenspublikationen werden firmeneigene Print-Produkte verstanden. Sie werden zumeist hausintern verfasst und dienen der Informationsvermittlung und der positiven Unternehmensdarstellung. Sie sind an Kunden, Partner, Mitarbeiter, Medien und Interessenten gerichtet. Zu den bekanntesten Print-Produkten zählen: Imagebroschüren, Unternehmens- und/oder Produktflyer, Pressemappen, Quartals- und Geschäftsberichte und in jüngster Zeit auch umfassende CSR-Reports bzw. separate Broschüren zur Umwelt- und Sozialverantwortung von Unternehmen (CSR).

Instrumente der Elektronischen Kommunikation

Perspektive Elektronische Kommunikation

Möglichkeiten und Einsatz der Elektronischen Kommunikation innerhalb der Produkt-Kommunikation von Verpackungen haben in den vergangenen Jahren rasant zugenommen. Galten bislang allein TV und Hörfunk als Elektronische Kommunikationsmedien, zählt heute auch die Online-Kommunikation mit ihren vielfältigen Instrumenten und Einsatzmöglichkeiten wie Homepages, Newsletter, B2B-Portale, Online-Magazine, Weblogs, Communities und Twitter dazu.

Die Vorteile der Elektronischen Kommunikation liegen im Vergleich zu der klassischen Print-Kommunikation in der Schnelligkeit der Informationsvermittlung, in der hohen Reichweite und in der zielgruppengenauen Ansprache der Empfänger. Aufgrund dieser Eigenschaften richten Unternehmen der Verpackungswirtschaft ihre PR-Aktivitäten verstärkt auch auf diesen Markt aus und setzen deren Instrumente häufig parallel zu der Face-to-Face-Kommunikation und zur Print-Kommunikation ein.

Vorteile der Elektronischen Kommunikation

Homepages und Newsletter

Im Markt der Verpackungswirtschaft gibt es kaum ein Unternehmen, das ohne eine eigene Webpräsenz im Internet auskommt. Die Homepage ist die elektronische Visitenkarte eines Unternehmens – und ein aufmerksamkeitsstarkes Instrument der Public Relations bzw. der Produkt-PR. Auf ihr sind alle markt- und unternehmensrelevanten Informationen wie Management, Produkte, Leistungen, Presse, Service, Anschrift und Kontakt aufgeführt, die Verpackungshersteller, Industrie und Dienstleister von sich preisgeben wollen. Inhalt und Design sollten aufeinander abgestimmt werden, um eine kommunikative Einheit darzustellen. Selbstkritische Informationen sind selten zu finden. Die Homepage bietet aus diesem Grund eine ideale Plattform zur positiven Selbstdarstellung und zur Imagebildung. Speziell unter der Rubrik „Presse" finden sich alle bereits im Unternehmen vorhandenen Print-Produkte wie Pressemitteilungen, Flyer, Broschüren und Berichte in elektronischer Form wieder. Mit der Präsenz einer Internetseite verbunden ist häufig auch das Angebot eines Newsletters. Unternehmen fassen in ihm relevante Produkt-, Kunden- und Markt-Neuheiten zusammen und senden diesen an registrierte Abonnenten, beispielsweise Kunden, Lieferanten, Partner oder Medien. Auch diese Form der Berichterstattung ist durch ein überwiegend subjektives Meinungsbild geprägt.

Inhalte und Design

B2B-Portale und Online-Magazine

B2B-Portale und Online-Magazine gehören zu den Medien, die in der Regel nicht von Unternehmensseite gesteuert werden. Ihr Informationsangebot wird von Print- und Online-Medien oder von Verlagen und Unternehmen aus Dienstleistung und Handel betrieben.

Online-Plattformen   Beispielsweise führt der „Fachverlag für Einkauf, Logistik und Beschaffung", ein Verlagsbereich der Verlag für die Deutsche Wirtschaft AG[29], das B2B-Portal http://www.einkaufsmanager.net. Dabei handelt es sich um eine frei zugängliche Business-Lieferanten-Datenbank für Industrieprodukte aus über 50 Fachbereichen, darunter auch für die Verpackung. Ebenso bietet der Verband Deutscher Maschinen- und Anlagenbau e. V., Frankfurt am Main, unter einer eigenen Internetseite einen Firmen- und Adress-Katalog von über 900 Herstellern und Anbietern von Verpackungsmaschinen und verfahrenstechnischen Maschinen und Apparaten an. Die Seibt-Verpackungstechnik-Datenbank wiederum, ein Brand der Hoppenstedt Publishing GmbH[30], Darmstadt, unterhält eine Business-Suchmaschine für die Verpackungstechnik. Sie verfügt über Produkte, Services und Bezugsquellen mit über 5.000 Kontaktadressen aus der gesamten Verpackungswirtschaft. Sämtliche Datenbanken bieten Unternehmen, Verpackungsherstellern und Industrie die Möglichkeit, sich registrieren zu lassen und mit firmenspezifischen Produkteinträgen, Firmennews und Informationen online vertreten zu sein.

Online-Berichterstattung   Eine weitere Möglichkeit zur Umsetzung von Produkt- und Unternehmens-PR besteht in der Nutzung der Online-Ausgaben von Fachzeitschriften oder Verlagen. So führt u. a. die Fachzeitschrift „Verpackungs-Rundschau" unter ihrer Internetpräsenz eine Rubrik „News", in der Pressemitteilungen von Unternehmen veröffentlicht werden. Der spezielle Vorteil in der Online-Berichterstattung liegt in dem sehr hohen Vernetzungs- und Verbreitungsgrad der Medien. Die Informationen werden von anderen Anbietern aufgegriffen und in die eigenen Portale übernommen. Sie gelangen auf diesem Wege häufig in Weblogs, Foren und Chats und werden hier thematisch beleuchtet und diskutiert.

---

[29] vgl. Verlag für die Deutsche Wirtschaft AG: Nachrichten vom Logismarket, http://www.logismarket.de, 14.10.2009
[30] vgl. Hoppenstedt Publishing GmbH: Das Produkt der Woche, http://www.verpackungstechnik.seibt.com, 14.10.2009

Abb. 5: Beispiel für ein B2B-Portal der Verpackungswirtschaft (Quelle: Fachverlag für Einkauf, Logistik und Beschaffung)

Weblogs, Communities, Twitter

Die Online-Instrumente Weblogs, Communities und Twitter sind Teil der modernen Kommunikationsformen des 21. Jahrhunderts. Ihr Einsatz und ihr Erfolg innerhalb der Public Relations und für die Produkt-PR sind bislang nicht ausreichend erforscht. In der Verpackungswirtschaft kommen sie selten zum Einsatz. Zu den bekanntesten Weblogs zählen der „Blog for the Food-Processing and Packaging Industry"[31] und der Blog „The Dieline"[32], eine Plattform, die sich ausschließlich mit Package Design beschäftigt. Sinn und Zweck von Weblogs sind der fachliche Austausch unter Kollegen, die Vermittlung von Informationen über eigene Unternehmenserfolge, die Vorstellung innovativer Produkte, Preise oder Auszeichnungen.

User generated content

---

[31] vgl. Blog for the Food-Processing and Packaging Industry: The latest machineries by PACO-PACO, http://paco-paco-food-machinery.blogspot.com, 14.10.2009
[32] vgl. Blog The Dieline: About the Dieline, http://www.thedieline.com/blog, 14.10.2009

Bei Weblogs, Twitter und Communities wie Foren und Chats spricht man vom sogenannten „User generated content". Das sind Inhalte, die von Internetnutzern und nicht von professionellen Journalisten erstellt werden. Der Glaubwürdigkeit dieser Inhalte wird teilweise ein höherer Stellenwert beigemessen als der herkömmlichen Produkt-PR eines Unternehmens. Es handelt sich hier um eine elektronische, verkürzte Form eines „Anwenderberichts". Analog gestalten sich die Inhalte der Kommunikationsform „Twitter". Das Twittern stellt als sogenanntes Microblogging eine reduzierte Form der Informationsvermittlung dar. Für die Verbreitung von Informationen und Botschaften über das Netz stehen lediglich 140 Zeichen zur Verfügung.

Ausblick

Fazit: Neue Wege des Dialogs

Die Verpackungswirtschaft in Deutschland hat in den vergangenen Jahren verstärkt auf die Kommunikation ihrer Produkte gesetzt und neue Wege des Dialogs gefunden und beschritten. Sie verfügt heute über ein breites Spektrum an Kommunikationsinstrumenten aus der Face-to-Face-Kommunikation, der Print- und aus der Elektronischen Kommunikation, auf das sie strategisch und projektbezogen erfolgreich zugreift. Hauptsächlich wird jedoch der bilaterale Dialog über die Face-to-Face- und über die Print-Kommunikation gepflegt. Die modernen elektronischen Kommunikationsformen wie Communities, Weblogs und Twitter werden als Medium der Kommunikation bislang vernachlässigt.

Gründe hierfür können in der Modernität der elektronischen Kommunikationsformen liegen, wenngleich dies kein hinreichendes Argument gegen ihren Einsatz in der Verpackungswirtschaft darstellt. Denn die der Elektronischen Kommunikation innewohnenden Vorteile stellen eine sinnvolle Ergänzung zu den klassischen Instrumenten der Public Relations dar: Die Elektronische Kommunikation eignet sich besonders zur spezifischen Informationsvermittlung an die breite Zielgruppe internetaffiner Unternehmen und Endverbraucher. Die Kommunikation über das Online-Medium erhöht Reichweite und Geschwindigkeit der Zielgruppenpräsenz, spart Kosten und ist zeit- und ortsunabhängig aktualisierbar. Vorteile, die über herkömmliche Print- und Face-to-Face-Kommunikation inhaltlich und umfänglich nur selten zu erreichen sind. Daher wird die Online-Kommunikation auch in der Verpackungswirtschaft in Zukunft an Bedeutung gewinnen.

Literatur

Meffert, Heribert: Marketing. Grundlagen marktorientierter Unternehmensführung. Konzepte – Instrumente – Praxisbeispiele. Wiesbaden 2000.

o. V. (2009a): CCL Industries Inc. entscheidet sich für Etiketten-Lösung von Rotocontrol. In: Neue Verpackung. Heidelberg 2009, Jg. 62, Ausg. 8, S. 6.

o. V. (2009b): Mondi nimmt neue Maschine im polnischen Swiecie in Betrieb. In: EUWID Verpackung. Gernsbach 2009, Jg. 83, Ausg. 37, S. 1.

o. V. (2009c): Bizerba GmbH & Co.KG: Füllmengenkontrolle und Prozessoptimierung. In: Brauwelt. Nürnberg 2009, Jg. 149, Ausg. 41/42, S. 1279.

o. V. (2009d): Schneller, einfacher, schonender, präziser. In: Neue Verpackung. Heidelberg 2009, Jg. 62, Ausg. 8, S. 38–40.

Schick, Siegfried: Interne Unternehmenskommunikation. Strategien entwickeln, Strukturen schaffen, Prozesse steuern. Stuttgart 2005.

Szyszka, Peter: Produkt-PR und Journalismus. In: Baerns, Barbara/Juliana Raupp (Hg.): Quo vadis Public Relations? Wiesbaden 2004.

Unkrig, Günther: Hochleistungstechnik für das „König der Biere". In: Verpackungs-Rundschau. Jg. 60: Heusenstamm 2009, S. 10–12.

Quellen

Blog for the Food-Processing and Packaging Industry: The latest machineries by PACO-PACO, http://paco-paco-food-machinery.blogspot.com, 14.10.2009

Blog The Dieline: About the Dieline, http://www.thedieline.com/blog, 14.10.2009

Brauwelt: Report, http://www.brauwelt.de, 13.10.2009

Cölner Hofbräu P. Josef Früh KG: 360°-Filme – So sieht's aus ..., http://www.frueh.de/ebene_2.asp?ID=2&SubID=22, 17.11.2009

EUWID Verpackung: Nachrichten, www.euwid-verpackung.de, 13.10.2009

FachPack: Rückblick 2009, http://www.fachpack.de/de/default.ashx, 12.10.2009

Food-Technologie: Food-Technologie aktuell, http://www.harnisch.com, 13.10.2009

Fruchthandel: FH-Newsnet, http://www.fruchthandel.de, 13.10.2009

Hoppenstedt Publishing GmbH: Das Produkt der Woche, www.verpackungstechnik.seibt.com, 14.10.2009

IK Industrievereinigung Kunststoffverpackungen e.V.: Willkommen auf der Homepage der IK Industrievereinigung Kunststoffverpackungen e.V., http://www.kunststoffverpackungen.de, 14.10.2009

interpack: Wirtschaft und Aktuelles, http://www.interpack.de, 12.10.2009

LebensmittelZeitung: Top News, http://www.lz-net.de, 13.10.2009

Luxe Pack: Press releases, http://www.luxepack.com, 12.10.2009

LVT Lebensmittel Industrie: Inhalt, http://www.gitverlag.com/de/print/6/42/index.html, 13.10.2009

neue verpackung: Neue Produkte, http://www.neue-verpackung. de, 13.10.2009

PackReport: News des Tages, http://www.packreport.de, 13.10. 2009

PrintPack: Info für Besucher, http://www.printpack.de/de/default. ashx, 12.10.2009

Verpackungs-Rundschau: News, http://www.verpackungsrund schau.de, 14.10.2009

Verband der Wellpappen-Industrie e.V. (vdw): Packstoff Wellpappe, http://www.wellpappen-industrie.de, 14.10.2009

Verband Deutscher Maschinen- und Anlagenbau e.V.: VDMA Themen, http://www.vdma-products.com/d4/hpg_ptree.cgi?value=_spec00, 14.10.2009

Verlag für die Deutsche Wirtschaft AG: Nachrichten vom Logismarket, http://www.logismarket.de, 14.10.2009

Verband Metallverpackungen e.V.: Umweltfreundlich: Metallverpackungen schaffen Nachhaltigkeit, http://www.metallverpackun gen. de, 14.10.2009

Kapitel 5
Trends im Verpackungsdesign – Versuch einer Kategorisierung

Andrea Hennig

Designtrends existieren meist nebeneinander und sind nur schwer voneinander abzugrenzen. Die folgende Kategorisierung stellt einen Versuch dar, aktuelle Entwicklungen anhand von 12 Stichwörtern aufzuzeigen.

1 Öko-Packaging und nachhaltiges Design

Fernab vom alten Ökodesign der 1970er- und 1980er-Jahre betrifft nachhaltiges Design heute fast alle Verpackungsaspekte vom Rohstoff über die Abfüllungs- und Produktionstechnik bis hin zur Lagerung und Rückgewinnung. Der Trend zeigt sich in Bildkonzepten im Stil der neuen Natürlichkeit oder im Einsatz robuster wie kantiger

Trend Nachhaltigkeit

Abb. 1: Nachhaltige Teeverpackung aus dem Discounter, materialreduziert, mit ausführlicher Verbraucherinformation auf dem Rückenetikett (Foto: Walther Appelt)

Recyclingmaterialien (z. B. offene Wellpappe). Er manifestiert sich in taktilen, multisensorischen Gestaltungen bis hin zur völligen Material- und Designreduktion. Mit sensiblen Designs, Authentizität sowie Aufrichtigkeit in der gesamten Markenkommunikation stellt das nachhaltige Design für viele Verbraucher eine attraktive Ergänzung ihres Lebensstils dar, auf den die Verpackungsindustrie noch zu langsam reagiert.

2 Storytelling – Narratives Design auch bei Verpackungen

Visuelles Geschichtenerzählen

Produkte und ihre Verpackungen wirken glaubwürdig, wenn man ihre Herkunft oder ihre Verwendung anschaulich erklären kann. Da es uns Menschen leichter fällt, sich eher an Geschichten als an trockene Fakten zu erinnern, liegt es nahe, dies auch in der visuellen Gestaltung umzusetzen. Die Geschichte des Produkts wird Teil der Verpackungsgestaltung. Sie unterhält den Betrachter, sie erzählt und emotionalisiert den Inhalt. Die neuen narrativen Gestaltungen verkaufen mit Illustrationen, Comic-Storys oder erzählender Fotografie ein Stück Lifestyle.

Ein ausgezeichnetes Beispiel für narratives Verpackungsdesign ist die „Shoe Box Doll´s House" der Firma Görtz. Aus einer unspektakulären Schuhverpackung wird ein kleines Universum mit faszinie-

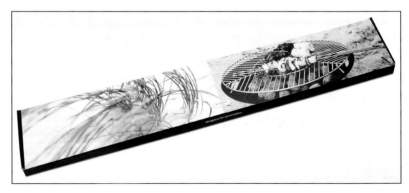

Abb. 2: „Grillen in den Hamptons": Die Verpackung macht Lust auf einen stilvollen Grillabend am Strand (Foto: Walther Appelt)

Abb. 3: Görtz Shoe Box Doll's House: Storytelling im Schuhkarton
(Quelle: gürtlerbachmann)

renden Geschichten und Spielmöglichkeiten. Auf den Innenflächen des Schuhkartons für Kids werden ein Schwimmbad, eine Modenschau, ein Großstadtdschungel und eine Konzertbühne so durch Pop-up-Faltungen auf mehreren Ebenen visualisiert, dass die bunte Papierkulisse die Kinder mit zahlreichen Details in ihren Bann zieht. Die verschiedenen Kartons funktionieren dabei sowohl als eigene Spielwelten als auch in Kombination, da die vier Welten durch Treppen und Türen miteinander verbunden werden können.

Kombinierbare Geschichten

3 Handmade: Authentizität durch echte Handarbeit

Authentizität ist ein Thema vieler Werbekampagnen und Designarbeiten. Der verstärkte Konsum digitaler Medien hat die Sehnsucht nach dem Echten, Existenten nur verstärkt. Die Abkehr von kühler Web-2.0-Ästhetik oder vom perfekten digitalen Composing zur un-

Abb. 4: Fiktives Packagingkonzept für Jamie Oliver von Igal Hodirker (Foto: BlendIt)

Menschliches Design

professionellen Bastelarbeit soll Wärme, menschliche Nähe und eine (be-)greifbare Realität zurückbringen. Dieser Trend äußert sich formal in sogenannten Paperworks, also dem Ausschneiden von Buchstaben als Bastel-Typografie, von echten Pinselstrichen bis hin zu Papierstrukturen und dreidimensionalen Bastel-Unikaten. Glatte Infografiken werden wieder zu echten Tortendiagrammen, Anmerkungen zu handgeschriebenen Notizen.

4 Klassische Bauhausästhetik

Funktionale Eleganz

Klare geometrische Formen, Beschränkung auf die Primär- und Sekundärfarben, nüchterne Eleganz: Im Zuge der internationalen Berlin- und Deutschlandbegeisterung scheinen sich viele Unternehmen und Designer auf die Bauhaus-Ästhetik zu beziehen – auch wenn sie diese mehr oder weniger frei interpretieren. Beispiele sind hier beim IT- und Designinnovator Apple, im Parfum- und Beautybereich oder im Design von Mineralwasserflaschen zu finden. Der Rückgriff auf Form- und Farbenreduktion, der konstruktivistische Aufbau und der Ausdruck von Leichtigkeit in der Materialität, die das Wesentliche des Objektes oder seiner Funktion betont, sorgen langfristig für elegante Verpackungslösungen im Bauhaus-Look.

Abb. 5: Ein massiver Holzrahmen, in dem der Glasflakon zu schweben scheint, geometrische Grundformen, Materialität als Farbe: Bauhausästhetik pur (Foto: Walther Appelt)

5 Urban Life Style – der Stil der unabhängigen Vierzigjährigen

Im Verpackungsdesign ist dieser Trend nach wie vor aktuell. Zubehör von Mobiltelefonen oder IT-Hardware, das jahrelang zum tristen Dasein in braunen Transportkartons verdammt war, zeigt ihre Wertigkeit durch neue Verpackungsgestaltungen. Meist wird der „Joy of Use" mittels Lifestyle-Fotografien in kühler Ästhetik dargestellt. Je nach Preissegment variiert die Ansprache von jugendlich-hip bis elegant-distanziert. International hat sich der Urban Life Style in Europa zu einem Langzeittrend für die europäische Mitte der Gesellschaft entwickeln können: die kaufkraftstarken Übervierzigjährigen.

Joy of Use

6 No Design

Die konsequente Verweigerung von Design findet seinen Ausdruck in Wellpappedesign, in der Beschränkung auf Etiketten, Stempel und Einfarbendrucke, Kleinserien, zufällig ausgewählten Schriften und einfach zu verarbeitenden, recyclingfähigen Materialien wie Graupappe, Makulaturpapier und Stoffresten. Manchmal reicht aber auch die Reduktion auf eine der Zielgruppe bestens vertraute Grundform – und aus No Design wird geschickt prägnantes Design, wie beispielsweise bei der Absolut-Vodka-Flaschenedition ohne Branding.

Verzicht auf Dekor

7 Customer Feedback Design

Individuelle Lieblingsprodukte

Individuelles Packaging, generiert aus User Feedback: Die Gestaltung entsteht interaktiv und aufwendig im Dialog mit der Zielgruppe, manchmal in einem Wettbewerb, meist als crossmedial beworbene Zusatzleistung, um Verbraucher an Brand Communities zu binden. Die Strategie dahinter: Der Kunde erschafft sich sein Lieblingsprodukt, zumindest was Form und Text, manchmal auch Rezept oder Produktausstattung angeht. Limitierte „Art Editions" im Verpackungsdesign erfreuen sich nur noch bei Global Playern großer Beliebtheit. Vonseiten der Verbraucher wird denjenigen Verpackungsdesigns, auf die sie selbst Einfluss nehmen können, großes Interesse entgegengebracht. Beispielgestaltungen finden sich im Flaschendesign des australischen Nelson Beer, bei den Talking Labels von Heinz Ketchup und Zotter Schokolade. Ob sich der beiderseitige Mehraufwand am Ende bezahlt macht, lässt sich kaum abschätzen. Handmade 2.0 entwickelt sich trotzdem zu einem Dauerthema, Selbermachen ist in.

8 Die Rückkehr der Illustration

Kreative Anmutungen

Während in den letzten 20 Jahren die digitale Fotografie perfektioniert wurde und bis heute den Supermarkt-Verpackungslook bestimmt, erlebt die Illustration seit einigen Jahren eine stille Renaissance. Daneben tummeln sich seit geraumer Zeit kreative Gestaltungen, die mit abstrakten Formen und Mustern, Tuscheexperimenten und Illustrationen ihren Inhalt differenziert verkaufen können. Authentizität, Individualität, Sympathie und Erinnerungswert illustrierter Gestaltung sind oft unerreicht; überwunden sind die Zeiten, in denen illustratives Verpackungsdesign nur für bunte Kinderprodukte Verwendung fand. Analoge Grafiken stehen neuerdings neben anspruchsvollen Digitalillustrationen im Regal vieler Feinkostanbieter. Selbst die IT-Branche hat den Trend als individuelle Auseinandersetzung mit dem medialen Zeitalter erkannt. Über die gelungensten illustrativen Packagings wird in Designforen weltweit diskutiert, die meisten Wettbewerbsgewinne gehen an illustrative Verpackungskonzepte.

Abb. 6: Minimalistisch: Schwarz-Weiß-Etiketten mit abstrakter Formensprache (Foto: Walther Appelt)

Gerade Klein- und Bioproduzenten setzen auf hochwertiges, individuelles und bisweilen kantiges Grafikdesign. Hervorragende Packaging-Beispiele finden sich in den mit Preisen ausgezeichneten Kleinserien des Online-Anbieters The Deli Garage. Da wird Wodka in ungewöhnlichen Geschmacksrichtungen in noch ungewöhnlicheren

Rückkehr zu grafischen Qualitäten

Abb. 7: Ungewöhnlich illustriert: Wodka als Kraftstoff (Foto: The Deli Garage/KOREFE)

Verpackungen mit witzigem Naming vermarktet. In handliche und liebevoll illustrativ gestaltete Flachmänner gefüllt, kann die Spirituose dazu noch einfach transportiert werden.

9 Reduce to the Max

Minimalistischer Humor

Verpackungsdesign als klare Botschaft in prägnanter Sprachweise und originellem Design, ohne Schnörkel, oft aber mit Humor. So sollten Verpackungen für ein Badepulver farbenfroh, aussagestark und frech daherkommen dürfen, Eltern wie Kinder ansprechen und gleichzeitig Qualität und Originalität vermitteln. Wer gehört in die Badewanne? Unmissverständliche Antwort: der Dreckspatz. Die Typografie auf der Verpackung verbindet eine gute Lesbarkeit mit kindlichen Schreibweisen, stilisierte Zeichnungen und leicht gebrochene Farben sorgen für eine stimmige, zielgruppengerechte Anmutung ohne unnötigen Ballast.

Übertreibungen und dekorative „Serviervorschläge" sucht man hier vergebens. Diese Verpackungsdesigns agieren in ihrer Formensprache so minimalistisch, dass zum Teil sogar auf eine Produktbe-

Abb. 8: Die Badeserie Dreckspatz, ausgezeichnet mit dem Red Dot Design Award 2009 (Foto: Walther Appelt)

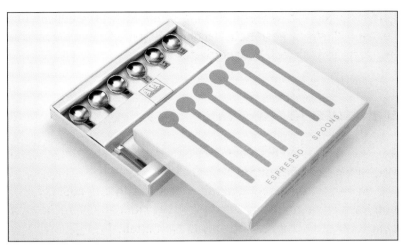

Abb. 9: Die Illustration gibt den Packungsinhalt im Größenverhältnis 1:1 wieder (Foto: Walther Appelt)

schreibung verzichtet werden kann. Die Reduktion auf inhaltliche Eindeutigkeit, optimale Usability und kompositorische Eleganz bei fast monochromer Farbgestaltung kennzeichnen den Einsatz der Stilmittel. Der Inhalt ist das Konzept.

Minimalistische Formgebung

Die Botschaften der auf „nichts" reduzierten Verpackung lauten meist Ruhe und Kraft, Sein statt Schein. In der Überspitzung der Re-

Abb. 10: Voss Table Water: Mineralwasser oder Beauty-Produkt? (Foto: Walther Appelt)

duktion finden sich allerdings auch minimalistische Entwürfe, die den Verbraucher vor die Frage stellen, um welches Produkt es sich handeln könnte. Bei Mineralwasserflaschen finden sich einige dieser puristischen, bisweilen fragwürdig kommunizierenden Verpackungsdesigns.

10 Retro bleibt ein Thema: Vintage-Design

Gefühlsbetonte Reminiszenzen

Ist es die Nostalgie des Analogen? Im Retro-Look mit seinen nostalgischen Zitaten oder Packaging im Used-Look finden sich immer wieder Stil-Ikonen und Versatzstücke berühmter Designer der 1950er- bis 1980er-Jahre. Die Anleihen aus der guten alten Zeit der analogen Reklame werden im Vintage-Design aber nicht nur zitiert oder kollagiert, sondern auch zu innovativen und ansprechenden Gestaltungen umkomponiert. Gelungene Beispiele sind die neu aufgelegten, gestalterisch stark überarbeiteten Olivenöl-Metallcontainer, die der Verbraucher noch von Marken wie Livio aus den 1980er-Jahren kennt – oder auch Spielzeug-Kaleidoskope, die nicht nur äußerlich auf die Anfänge der Computerelektronik verweisen, sondern auch in ihrem Innenleben.

Abb. 11: Als die Computer laufen lernten: Die Kaleidoskop-Teilchen bestehen tatsächlich aus altem Elektroschrott (Foto: Walther Appelt)

11 Objektdesign: die Verpackung nach der Verpackung

Werbung erobert den öffentlichen Raum, Verpackungen die Herzen junger Verbraucher. Aus der Verpackung wird ein Objekt, das nur noch wenig mit seinen Ursprungsfunktionen verbindet. Oder ein Accessoire, das weder nach Notlösung noch nach Merchandising-Artikel aussieht. Der Spaß an der Kreativität, das Prinzip des Transformierens und moderne Formensprache wie flächendeckende Icons oder typografische Überdruckungen kommen besonders gut bei jungen Zielgruppen an. Da werden Döschen gesammelt, Kartonverpackungen zu Sitzmöbeln umgestaltet, klassische Brettspiele formal neu erfunden. Eine Art jugendgerechtes Verpackungsrecycling.

Junges Mehrwert-Design

12 Artistic Design: Kunst contra Kommerz

Nach unzähligen „Art Editions" der 1980er- und 1990er-Jahre war dieser Trend von der Industrie überreizt worden. Unter neuen Aspekten und mit weniger marketingorientierten Konzepten erlebt das Artistic Design nun ein Comeback. Ob als software-spezifisches Code-Design (z. B. generative Grafiken oder Binärcode-Muster) oder als analog gestaltete künstlerische Expression: Die neuen Artistic Designs lehnen eine Kommerzialisierung generell eher ab – immer mehr Verpackungen werden für Produktsortimente im Non-Profit-Bereich entworfen. Das Artistic Design nähert sich dem No Design inhaltlich an und gewinnt auch an Glaubwürdigkeit bei seinen Adressaten zurück.

Non-Profit-Konzepte

> **Trendübergreifende Anforderungen an Verpackungsgestaltung**
>
> Nachfolgend werden einige grundlegende Aspekte aus Sicht eines Verpackungsdesigners im Gestaltungsprozess transparent gemacht:
>
> - **Qualitätsversprechen:** Qualität muss von der Verpackung her überzeugen. Wirkt die Verpackung hochwertig, wird dem Inhalt meist dieselbe Qualität zugesprochen.

- **Transparente Informationsgestaltung:** Erkennbare Transparenz bei der Herkunftsangabe der Ware und bei der Wahrnehmung von Service- und Garantieleistungen sollten klar kommuniziert werden. Ansonsten droht (berechtigte) Kritik vonseiten der Verbraucher.
- **Zusätzliche Verbraucherinformationen:** Die Möglichkeit zum direkten Preisvergleich, mehr Informationen zu Herkunft, Warenweg, Verarbeitung und Inhaltsstoffen, Informationen zur Umweltverträglichkeit usw. zeugen vom Respekt gegenüber dem Verbraucher.
- **Einfachheit:** Der Verbraucher sucht nach selbsterklärenden Verpackungen, deren Gebrauch schnell zu verstehen ist und leichten Zugang zum Produkt ermöglicht.
- **Stärkung des Markenvertrauens:** Verpackungen geben einen Einblick in Unternehmenshaltungen. Markenvertrauen lässt sich durch eine unangemessene Verpackung schnell zerstören.
- **Investition in Umweltbewusstsein und Nachhaltigkeit:** In der Entwicklung neuer Verpackungen sind Umweltbewusstsein und Nachhaltigkeit zu entscheidenden Erfolgsfaktoren geworden. Die Akzeptanz neuer Materialien hängt nachweislich von ihrer Umweltverträglichkeit ab.
- **Personalisierung und Individualisierung:** Ob individuelle Packungsgrößen oder vom Verbraucher gesteuerte Verpackungsgestaltungen – die Web-2.0-Generation möchte mitgestalten.
- **Service-Design:** Selbstbedienung ist längst Standard, Verpackungen müssen diesem Aspekt auch im Design Rechnung tragen.
- **Warenfluss-Optimierung:** Durch geeignete Formate, Materialien, Gestaltungen und die Integration neuer Drucktechnologien kann der immer schneller ablaufende Warenfluss optimal unterstützt werden.

- **Interaktive Verpackungen:** Sie können dem Verbraucher Unterhaltung, Anwenderinformationen und weiteren Mehrwert bieten.

- **Intelligente Verpackungen:** Smart-Packaging-Anwendungen wie beispielsweise die RFID-Technologie, die Produkt-, Fälschungs- und Liefersicherheit garantiert.

Wann ist ein Trend marktfähig?

Wann findet ein Trend Akzeptanz, wann lassen sich mit ihm Produkte erfolgreich vermarkten? Häufig spielt die Marktforschung eine ausschlaggebende Rolle, wenn es um die Durchsetzungsfähigkeit neuer Gestaltungskonzepte im Packaging geht. Die Angst, auf einen falschen Trend setzen zu können, lässt Unternehmen nach wie vor das Konventionelle bevorzugen. Dies liegt zum einen an zögernden Auftraggebern, zum anderen sicher auch an den Verbrauchern. Oft werden die Chancen einer Markenverjüngung durch ein mutiges Verpackungskonzept vergeben.

In der Trendfolge bewegen sich die verschiedenen Designdisziplinen unterschiedlich schnell: Subkulturen, Avantgarde und viele Modetrends eilen dem Mainstream um zwei bis drei Jahre voraus. Webdesign, Grafikdesign und Verpackungsdesign im Premiumsegment liegen in der Trendfolge in der Regel ein bis maximal zwei Jahre zurück, während Industriedesign, Automotive und Interior Design sowie Konsumgüterdesign – und somit auch das Verpackungsdesign von Konsumgütern – als letzte reagieren. Das liegt vor allem in der gesellschaftlichen Akzeptanz von neuen Impulsen und Bewegungen begründet. Damit ein Trend zu einem Megatrend wird, muss er Bewegung initiieren und sich langfristig zwischen Schock- und Sättigungsgrenze bewegen können – und sich in zumindest *einem* Marktsegment als relevant verorten lassen, meist im Premiumsegment.

Trendfolge verschiedener Designdisziplinen

In Deutschland treten klassische Verbrauchsgüter des Alltags eher funktional und verhalten modern bis traditionsbewusst auf, man ist

Abb. 12: Ausgezeichnetes Produkt- und Verpackungsdesign: Der intelligente Aufbau eines mechanischen Tee-Filters wirkt aromaschonend, die Verpackung vermag die Produktvorteile trendbewusst zu veranschaulichen (Foto: Walther Appelt)

sich der Verbrauchermacht und der Skepsis des deutschen Verbrauchers sehr wohl bewusst. Bei Materialinnovationen muss beim Verbraucher eine hohe Akzeptanz vorhanden sein. Studien zeigen, dass gerade deutsche Verbraucher Materialinnovationen prinzipiell eher skeptisch gegenüberstehen, gut kommunizierte Werte wie Umweltschutz und Produktsicherheit aber schnell Akzeptanz erzeugen können.

Technologische Impulse

Elektronik- und Online-Trends verändern, trotz zeitlichem Versatz, Wünsche und Bedürfnisse für die Formgebung und das Look and Feel von Verpackungen. Veränderungen der ästhetischen Wahrnehmung werden stärker bei jüngeren, weniger stark bei älteren Verbrauchern spürbar. Neue Bildauffassungen, veränderte Lesegewohnheiten, anderer Umgang mit Informationen und Einbindung visueller Effekte stammen eindeutig aus dem Internet. Selbst im Fernsehen kann man die Einflüsse der Web-2.0-Ästhetik im Formatdesign wahrnehmen. Auftraggeber und Designer sind mehr denn je gefordert, die Anforderungen der Konsumenten differenzierter und aus deren Perspektiven wahrzunehmen.

Literatur

Stewart, Bill (Hg.): Verpackungsdesign. München 2008.

Capsule (Hg.): Design Matters: Packaging 01. An Essential Primer for Today's Competitive Market. Beverly 2008.

Rockport Publishers (Hg.): 1000 Package Designs. A Comprehensive Guide to Packing it in. Beverly 2008.

Kapitel 6
Grün gewinnt – Neue Impulse für nachhaltiges Verpackungsdesign

Andrea Hennig

Wie viel Öko braucht der Mensch? Dieser Frage wird immer wieder in Marktforschungsstudien nachgegangen. Dass viele Verbraucher Öko-Produkte bevorzugen, wenn sie zum gleichen Preis angeboten werden, hat sich mittlerweile bis in den Handel herumgesprochen. Das Thema Nachhaltigkeit ist – auch entgegen mancher Thesen aus der Verpackungsindustrie – längst beim Konsumenten angekommen. Doch welche Preissteigerung nimmt der Kunde in Kauf? Wie geht der Handel mit der grundsätzlichen Bereitschaft des Verbrauchers um, faire Preise für Öko-Produkte zu zahlen? Globale Angstthemen wie Erderwärmung durch Treibhausgase oder steigende Abhängigkeit von der globalen Wirtschaft haben seit einigen Jahren Einfluss auf das Kaufverhalten der Verbraucher genommen.

Nachhaltigkeit mehr als ein Modethema

Abb. 1: Längst Standard: Ökologische Alltagsprodukte aus dem Discounter (Foto: Walther Appelt)

1 Nachhaltigkeit – nur ein Schlagwort?

Definition „Nachhaltigkeit"

Obwohl der Begriff der nachhaltigen Entwicklung in aller Munde ist, handelt es sich hier um ein schwer fassbares Konstrukt, das in seiner Komplexität nicht auf Schlagworte wie Einweg/Mehrweg oder Transfair-Produkte reduziert werden kann. Eine gängige Definition von Nachhaltigkeit hat die Enquete-Kommission des Deutschen Bundestages „Schutz des Menschen und der Umwelt" entwickelt. Demnach versteht man unter Nachhaltigkeit die „Konzeption einer dauerhaft zukunftsfähigen Entwicklung der ökonomischen, ökologischen und sozialen Dimensionen menschlicher Existenz. Diese drei Säulen der Nachhaltigkeit stehen miteinander in Wechselwirkung und bedürfen langfristig einer ausgewogenen Koordination."[1]

Unter den drei Dimensionen werden im Wesentlichen die folgenden Aspekte zusammengefasst:

- **Ökologische Nachhaltigkeit:** Natur und Umwelt sollen für die nachfolgenden Generationen erhalten werden. Die natürlichen Lebensgrundlagen werden nur in dem Maße beansprucht, wie diese sich regenerieren.

- **Ökonomische Nachhaltigkeit:** Die Art des Wirtschaftens hat zum Ziel, dauerhaft eine tragfähige Grundlage für Erwerb und Wohlstand zu bieten.

- **Soziale Nachhaltigkeit:** Die Gesellschaft sollte sich in einer Weise entwickeln, dass alle Mitglieder partizipieren können.

Nachhaltigkeit kann folglich von Handels- oder Markenartikelherstellern weder als „Ökostrategie" noch als „Modewelle" abgetan werden. Gleichwohl wird von der breiten Öffentlichkeit der Handlungsdruck, der Veränderungen in Richtung ökologische Nachhaltigkeit erzwingt, aufgrund des sogenannten Klimawandels wohl als besonders drängend empfunden.

---

[1] Enquete-Kommission „Globalisierung der Weltwirtschaft": Nachhaltige Entwicklung, http://www.bundestag.de/gremien/welt/glob_end/n8.html, 26.02.2010

Anders als bei der ersten Öko-Welle in den 1980er-Jahren ziehen Markenartikler und Handelsunternehmen mit. Längst ist das Marketingpotenzial erkannt worden, sind Begriffe wie LOHAS und Ökobilanz, Carbon Footprint und Nachwachsende Rohstoffe in der Verpackungsindustrie eingeführte Begriffe. Ferner ist verstanden worden, dass Nachhaltigkeit im Verpackungsmaschinen-Anlagenbau beginnt und erst mit der Verpackungsentsorgung endet. Doch es häufen sich auch kritische Stimmen, dass Umweltschutz im Bereich der Verpackungen auf das Thema Verpackungsverordnung, Müllvermeidung und duale Entsorgungssysteme reduziert wurde.

Zweite Öko-Welle

Der im Bereich Verpackungsindustrie tätige Berater Mattias Giebel hat zehn Thesen formuliert, wie das Thema Nachhaltigkeit in Politik, Handel, Konsumgüterindustrie und vom Verbraucher bewertet wird.[2] Demnach könnten sich zunächst aus der Politik durch die Erhebung von CO_2-Steuern oder die Verpflichtung, die CO_2-Emmissionen auf der Verpackung auszuweisen, verbindlich vorgeschriebene Richtlinien entwickeln. Der Handel wird nach Giebels Aussage in naher Zukunft ähnliche Forderungen an seine Lieferanten stellen. Als Vorbilder dienen hier Länder wie Großbritannien, in denen der Handel massiven Druck mit konkreten Zielvorgaben auf die Unternehmen ausübt, um die Nachhaltigkeit der Produkte und Verpackungen zu verbessern.[3] Studien belegen, dass in Deutschland aufseiten der Konsumenten ein CO_2-Siegel von drei Vierteln der Bevölkerung als für sinnvoll erachtet wird und es zwei Drittel der Verbraucher auch möglich halten, ihr Kaufverhalten dadurch beeinflussen zu lassen.[4] Das Leitmilieu der LOHAS, die sogenannte Green-Lifestyle-Avantgarde, hat sich das Thema Nachhaltigkeit als Wert auf die Fahnen geschrieben. Sie setzen auf Qualität, Authentizität und Spiritualität. Der Marktanteil der LOHAS liegt Schätzungen nach in der Lebensmittelbranche bei circa 30 Prozent. Seit September 2007 sind die LOHAS im Haushaltspanel des Marktforschungsunternehmens The

Leitmilieu LOHAS

---

[2] Giebel: Die neue grüne Welle rollt, http://imperia.mi-verlag.de/imperia/md/content/ai/nv/fachartikel/2009/01/nv09_01_014.pdf, 26.02.2010
[3] vgl. Waßmann: Die Nachhaltigkeit holt alle ins Boot, http://imperia.mi-verlag.de/imperia/md/content/ai/nv/fachartikel/2008/12/nv08_12_016.pdf, 26.02.2010
[4] vgl. Waßmann: Die Nachhaltigkeit holt alle ins Boot, http://imperia.mi-verlag.de/imperia/md/content/ai/nv/fachartikel/2008/12/nv08_12_016.pdf, 26.02.2010

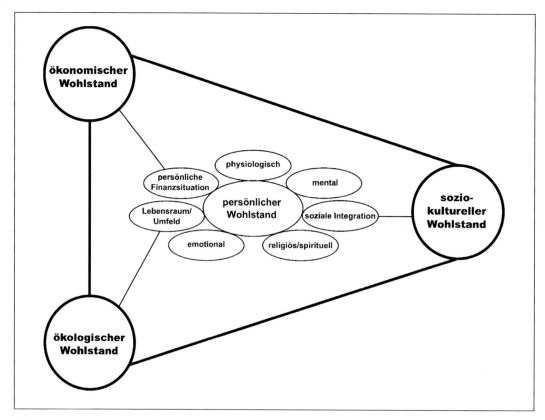

Abb. 2: Nachhaltigkeitsmodell des Centre for Sustainable Design, Großbritannien (Quelle: Centre for Sustainable Design)

Zunahme an Konsumboykotts

Nielsen Company zu finden. Nielsen sieht in seinen Universen 2009 und zum Thema Verpackung den Umweltschutz vor Bequemlichkeit rangieren, nicht aber vor Hygiene und Schutz.[5] Die LOHAS sind sich ihrer Macht als Verbraucher oft bewusst und setzen sich auch offen gegen umweltunfreundliche oder gesundheitsschädliche Verpackungen ein. So löste in der Schweiz im Jahr 2006 der Launch einer Schokolade in umweltunfreundlicher und aufwendig zu entsorgender PET-Verpackung einen Konsumboykott aus. Berühmt geworden ist im Juli 2009 auch der PET-Mineralwasserflaschen-Boykott einer australischen Kleinstadt.

---

[5] The Nielsen Company: Universen 2009, http://de.nielsen.com/pubs/documents/universen_2009.pdf, 26.02.2010

2 Umdenken im Designprozess

Die Verpackungsindustrie tut sich schwer mit der Produktionsumstellung in Richtung Nachhaltigkeit. Ganzheitliche Konzepte auf Unternehmens- wie auch auf Produktebene zur Verbesserung des nachhaltigen Wirtschaftens werden bislang nur vereinzelt beobachtet. Dass das Thema Nachhaltigkeit großes Potenzial bietet, Imagegewinne und damit Umsatzsteigerungen zu erzielen, haben die Global Brands, allen voran die Hersteller der Wasch- und Reinigungsmittel wie Procter & Gamble oder Henkel längst durch Produktinnovationen wie Kaltwaschmittel oder optimierte Verpackungen umgesetzt. Letztlich ist aus wirtschaftlicher Perspektive entscheidend, die Nachhaltigkeit messbar zu machen. International haben sich Standards wie das Life Cycle Assessment (LCA) zur Bestimmung der ökologischen Nachhaltigkeit durchgesetzt. LCA ist ein Werkzeug, das zur Bewertung der möglichen Auswirkungen eines Produktes auf die Umwelt im Verlauf seiner gesamten Lebenszeit verwendet wird. Die Verwendung bestimmter Ressourcen wird dabei quantitativ bemessen und als „Input" dargestellt, wie zum Beispiel Energie, Rohstoffe, Wasser. Die Emissionen in die Luft, ins Wasser und den Boden fließen als „Output" in die Beurteilung ein.

Imagegewinn durch Nachhaltigkeit

In Deutschland hat der Verband Alliance of German Designers (AGD) im Jahr 2009 eine Nachhaltigkeitscharta entwickelt. Über einhundert Mitglieder haben die Charta bereits durch ihre Unterschrift anerkannt. Demnach wird nachhaltiges Design als Prozess verstanden, die schrittweise Verbesserung bestehender Produkte steht im Vordergrund der Arbeit. Die Unterzeichner der Charta verpflichten sich,

Nachhaltigkeitscharta für Designer

- sich im Sinne des nachhaltigen Designs weiterzubilden
- energiesparende Produktionsweisen anzustreben
- den Verbrauch natürlicher Ressourcen einzuschränken
- bei der Beratung der Kunden auf ein möglichst umweltschonendes und sozial vertretbares Design sowie ressourcenschonende Produktionsweisen und Materialien hinzuwirken[6]

---

[6] Allianz deutscher Designer: Charta für nachhaltiges Design, http://www.agd.de/657.html, 26.02.2010

Der im Bereich Ökologie spezialisierte Designer und Berater Alastair Fuad Luke hat eine „Grüne Checkliste" entwickelt, die den Designprozess im Sinne der Nachhaltigkeit verbessern soll. Grundlegend für Konzeption, Entwurf und Umsetzung sollten demnach sein:

- der Einsatz von Open Source Design
- die Gestaltung unter der Berücksichtigung der User Centered Design-Philosophie (UCD)
- der Einsatz eines universellen wie erfahrungsbezogenen Designs
- die Installation eines nachhaltigen Service Designs in den Warenfluss[7]

Wie können diese Prinzipien im konkreten Designprozess von Verpackungen umgesetzt werden?

1. Häuslichen Verpackungsmüll reduzieren

Prinzip der Reduktion

Beim Thema Verpackung wird zunächst an Funktionalität und Design gedacht, aber immer auch an den entstehenden Abfall. Verpackungen verlieren mit dem Öffnen und Benutzen der Produkte ihre Funktion. Neben den Anstrengungen der Hersteller (Umstellung auf Biokunststoffe und Materialien aus nachwachsenden Rohstoffen, Mehrwegsysteme, Reduktion von Sekundärverpackungen, Trans-

Abb. 3: Bei dieser Schokoladenverpackung konnte durch geeigneten Karton die übliche Aluschutzfolie weggelassen werden (Foto: Walther Appelt)

[7] Fuad-Luke 2007, S. 30 ff.

portwegreduzierung usw.) sind die Verbraucher gefordert, Preissteigerungen für ökologische Verpackungen zu akzeptieren bzw. auf Aspekte der bequemen Handhabung zu verzichten.

2. Energiebilanzen erstellen

Der Energieaufwand errechnet sich aus der Gewinnung der notwendigen Rohstoffe, der Herstellung des Verpackungsbehältnisses, der Weiterverarbeitung des Produktes und dem Gütertransport. Im Allgemeinen liegt der für die Herstellung einer Ware erforderliche Energieaufwand weit höher als der der Verpackungsherstellung.

Prinzip der Bilanzierung

3. Umverpackungen vermeiden

Umverpackungen sollten, wo immer es geht, vermieden werden. Siegel und Smart Packaging können heute mehr zur Produktsicherheit beitragen als manche Sekundärverpackung. Hochpreisige Luxusgüter könnten alternativ durch Vitrinen präsentiert werden, anstatt mit Folien geschützte Sekundär- und Tertiärverpackungen dem Hausmüll zuzuführen. Dies betrifft auch Liefereinheiten von Elektronikgeräten, die zumeist sofort entsorgt statt wiederverwendet werden. Ist eine Verpackung unverzichtbar, kann die Umweltbelastung maßgeblich durch geringeres Gewicht oder eine geringere Verpackungsgröße optimiert werden. Beispiele für die Vermeidung von Wegwerfverpackungen sind Mehrweg-Getränkeflaschen, Mehrweg-Plastikbehälter der Kosmetikmarke The Body Shop oder des Öko-Kosmetikvertriebs Spinnrad.

Prinzip der Vermeidung

4. Recycling fördern

Seit 1991 gibt es in Deutschland die Verordnung zur Vermeidung und Verwertung von Verpackungsabfällen. Im Zusammenhang mit der Einführung des „Grünen Punkts" stellte der Handel auch Rücknahmemöglichkeiten für Verpackungen bereit. Mehrfach stand dieses regulative System im Zuge der Verpackungsverordnung in der Diskussion. Dem Einsatz von Recyclingmaterialien im Verpackungsdesign stehen die Aspekte Verunreinigung oder Kontamination und Energieaufwandsabschätzung teilweise entgegen. Deswegen stellen kompostierbare Verpackungen aus Biokunststoffen in einigen Bereichen die bessere Alternative dar.

Prinzip der Wiederverwertung

5. Verbundmaterialien ersetzen

Convenience-Produkte wie Fertigsoßen oder -gerichte benötigen aus Gründen der Lebensmittelsicherheit oft schwer zu entsorgende Verbundmaterialien mit einem Aufbau von bis zu fünf Schichten. Im Recycling bietet sich dann oft nur das Schreddern an. Der Einsatz von Alternativverpackungen, z. B. aus Glas, sollte im Produktionsprozess mit allen Vor- und Nachteilen abgewogen werden.

Internationale Vorreiter

Zwei Beispiele für erfolgreiche nachhaltige Verpackungsstrategien:

Tri-Wall

In England konnte das auf Sekundär- und Transportverpackungen spezialisierte Unternehmen Tri-Wall von Holz, Schrumpffolie und geschäumten Füllmaterialien dank tragfähiger Verpackungsaufbauten auf umweltverträgliche Wellpappe umsteigen. Damit verringerten sich die Verpackungszeiten um rund 30 Prozent, das Verpackungsgewicht um 60 Prozent und die Transportschäden um 15 Prozent. Die Kostenersparnis betrug über 50 Prozent bei Großgütern.

Migros

Der Schweizer Handelsriese installierte ein nachhaltig planendes Computersystem namens *Ecobase*, das Verpackungen in den Aspekten Kosten und Umweltkosten bewertet. So konnte das PET-Mehrwertverfahren auf einen Rückgabewert von 96 Prozent gesteigert werden. Migros bevorzugt dabei keine speziellen Verpackungsmaterialien, sondern agiert flexibel über Maßnahmen wie die Reduktion der Verpackung auf allen Ebenen und die logistische Sicherung der Wiederverwertung bzw. Wiederverwendung.

Abb. 4: Nachfüllbare Gewürzdosen aus Metall, mit Schraubdeckel, durch Papieretikett versiegelt (Foto: Walther Appelt)

3 Mitmachen, nachmachen, besser machen

Verpackungen so zu konzipieren, dass sie den Regeln der Nachhaltigkeit gerecht werden können, setzt Recherchen in Werkstoffen und Verfahrenstechniken voraus. Die Gratwanderung des Designers besteht darin, sowohl den Bedürfnissen und Wünschen der Kunden entgegenzukommen als auch ökologische Sensibilität zu beweisen.

Wichtige Impulse zum innovativen Umgang mit Material kommen vor allem aus Japan:

Impulse aus Japan

- **Retro-Naturverpackungen:** nach traditionell ländlichen Verfahren werden Nahrungsmittel in Pflanzenteile verpackt, geschnürt und mit Papieretiketten versehen
- **Metamorphose mit Zweitnutzen:** Verpackungen werden nach der Produktentnahme zu trendigen Accessoires für junge Zielgruppen (z. B. Kaugummi- oder Mobiltelefonverpackungen)
- **Instant-Suppenschälchen aus CO_2-effizientem Papierverbund**
- **Materialreduktion durch konkav-konvexe Wabentechnik** bei Aluminium-Getränkdosen
- **Zeitungspapier-Recycling im Redesign** als musterbedrucktes Geschenkpapier

Preiswürdige Innovationen

Beispiele für erfolgreiches nachhaltiges Verpackungsdesign findet man unter den Preisträgern der jährlich ausgelobten Design-Awards. So beispielsweise bei den renommierten Du Pont Awards for Packaging oder den Red Dot Design Awards des Design-Zentrums Nordrhein-Westfalen, eine der ältesten und renommiertesten Designinstitutionen Europas. Der Red Dot Design Award ist ein weltweit anerkanntes Qualitätssiegel für ausgezeichnetes Design und wendet sich an alle, die ihr wirtschaftliches Handeln durch Design qualifizieren wollen. Der Deutsche Verpackungspreis des Deutschen Verpackungsinstituts (dvi) richtet sich an Hersteller, Entwickler, Designer und Verwender zukunftsweisender Verpackungslösungen und soll nach eigenen Angaben den kreativen Nachwuchs der Branche fördern. Zu beobachten waren in den vergangenen Jahren zum Beispiel Holzspäne, Zellulose-Pellets und Biokunststoffkugeln als Verpackungsfüllmaterial, der Ersatz von Cellophanierungen durch wieder verschließbare Papieretiketten, plastikfolienfreie Batterie- und Glühbirnensichtverpackungen oder Papierschaum-Verpackungsschalen (für Druckerpatronen, Elektrogeräte usw.).

Die Beispiele zeigen, dass erst mit dem Einbeziehen gestalterischer Qualitäten wie Spieltrieb, Experimentierfreudigkeit und hoher Sensibilität Lösungen entstehen können, die am Ende Auftraggeber wie Endverbraucher von der besonderen Qualität nachhaltiger Verpackungen überzeugen können.

Literatur

Fuad-Luke, Alastair: Redefining the Purpose of (Sustainable) Design: Enter the Design Enablers, Catalysts in Co-Design, in: Chapman, Jonathan/Gant, Nick (Hg.): Designers, Visionaries and Other Stories, London 2007, S. 18–55.

Quellen

Allianz deutscher Designer: Charta für nachhaltiges Design, http://www.agd.de/657.html, 26.02.2010

Enquete-Kommission „Globalisierung der Weltwirtschaft": Nachhaltige Entwicklung, http://www.bundestag.de/gremien/welt/glob_end/n8.html, 26.02.2010

Giebel, Mathias: Die neue grüne Welle rollt, http://imperia.mi-verlag.de/imperia/md/content/ai/nv/fachartikel/2009/01/nv09_01_014.pdf, 26.02.2010

The Nielsen Company: Universen 2009, http://de.nielsen.com/pubs/documents/universen_2009.pdf, 26.02.2010

Waßmann, Bernd: Die Nachhaltigkeit holt alle ins Boot, http://imperia.mi-verlag.de/imperia/md/content/ai/nv/fachartikel/2008/12/nv08_12_016.pdf, 26.02.2010

Kapitel 7
Quadratisch. Praktisch. Gut – Textgestaltung von Verpackungen

Sonja Kastner

Der Industriedesigner und Verpackungskünstler Günter Kupetz erfand in den 1960er-Jahren die Pril-Spülmittelflasche und die sogenannte Normbrunnenflasche oder Perlenflasche für Mineralwasser. Diese Mehrwegverpackung wurde über fünf Millionen Mal hergestellt und dürfte damit die erfolgreichste Mehrwegverpackung Deutschlands sein.[1] Kupetz hat eine Grundregel für erfolgreiches Verpackungsdesign formuliert: Es muss klar sein, was drin ist.[2]

Grundregeln für erfolgreiches Verpackungsdesign

Abb. 1: Perlenflasche von Günter Kupetz (Foto: Günter Höhne)

Die Maßstäbe, die Kupetz an die visuelle und haptische Qualität der Produkthülle anlegte, gelten auch für die textlichen Gestaltungselemente auf der Verpackung. Oft stellt das Lesen von Text auf Verpackungen für die Konsumenten einen hohen zeitlichen und kognitiven Aufwand dar. Nicht selten werden falsche Vorstellungen vom Verpackungsinhalt provoziert. Die Begriffe Etikettenschwindel oder Mogelpackung sind in den allgemeinen Sprachgebrauch übergegangen. So warnte das Männermagazin Men's Health beispielsweise vor der „Mogelpackung Frau". Es wurden konkrete Handlungsanleitung gegeben, wie man nachprüfen kann, ob an der Liebsten alles echt ist: von Brüsten, Lippen, Nase, Wimpern über das Lächeln bis hin zum Orgasmus.[3]

---

[1] Designlexikon: Designer, http://designlexikon.net/Designer/K/kupetzgunter.html, 25.11.2009
[2] Vgl. Quadejacob 2009, S. 29

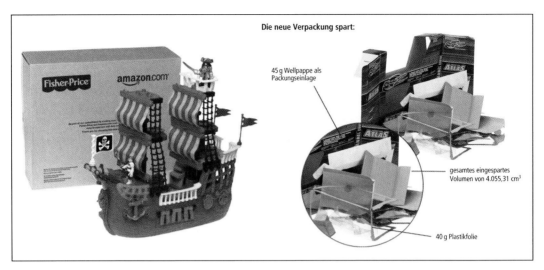

Abb. 2: Frustration Free – Verpackung des Internethändlers Amazon (Quelle: Amazon EU)

Ursprünglich jedoch bezeichneten die Begriffe Etikettenschwindel oder Mogelpackung eine irreführende Benennung auf der Verpackung bzw. eine Verpackung, die aufgrund ihrer Form, Farbe oder Materialbeschaffenheit über die wirkliche Menge oder Beschaffenheit des Inhalts hinwegtäuscht.

Frust durch Verpackungen

Doch nicht nur Fehlinformationen können für Missstimmung beim Verbraucher sorgen. Mancher entwickelt eine regelrechte Wut auf Verpackungen, die nur schwer zu öffnen sind. Die englische Sprache hat dafür bereits einen Ausdruck gefunden: Wrap Rage. Der Internethändler Amazon reagierte im Jahr 2008 auf dieses oft zu beobachtende Phänomen, indem er die sogenannten „Frustration Free"-Verpackungen schuf – und als Marke schützen ließ. Es handelt sich hier um simple Pappkartons für alle möglichen Produkte, die man aufgrund eines stark vereinfachten Designs ohne zusätzliche Werkzeuge wie Schere oder Teppichmesser öffnen kann.

Im Folgenden werden die einzelnen textlichen Gestaltungselemente von Produktverpackungen vorgestellt und mit Beispielen illustriert. Vor allem im Bereich der Lebensmittel existieren viele gesetzliche Verordnungen, die regeln, was in welcher Form auf Verpackungen

Abb. 3: Textliche Gestaltungselemente auf Produktverpackungen (Quelle: Eigene Darstellung)

stehen muss bzw. darf.[4] Hier erhebt der vorliegende Text keinen Anspruch auf Vollständigkeit. Ziel soll vielmehr sein, die Chancen und Risiken der textlichen Gestaltung von Produktverpackungen aufzuzeigen. Grundsätzlich gilt auch für den Bereich der Verpackungskommunikation, dass Bildzeichen und Symbole, Farben und Formen in ihrer Einprägsamkeit *stets höher* zu bewerten sind als verbale Gestaltungsmittel. Jedes dreijährige Kind erkennt beim Gang durch den Supermarkt mühelos, bei welchen Produkten es sich um Schokolade, Kekse oder andere beliebte Süßwaren für Kinder handelt – ohne die Etiketten lesen zu können.

Bildinformationen einprägsamer als Texte

---

[4] ausführlich hierzu siehe Buchner 1999, S. 69 ff.

1 Markenname

Funktionen von Markennamen

Der Markenname stellt die zentrale verbale Information auf einer Produktverpackung dar. Der Name hilft den Kunden bei der Identifizierung bestimmter Produkte aus der Fülle des Angebots. Wenn sich Menschen an eine Marke erinnern oder über sie sprechen, verwenden sie meist den Markennamen. In ihm sind alle Assoziationen mit der Marke gebündelt. Markennamen vermitteln so Werte und Botschaften und können wie ein visuelles Logo auch als Wegweiser bei der Konsumentenentscheidung fungieren. Der Name steht – neben anderen Gütesiegeln – auch als Garantie für einwandfreie Herkunft und Qualität des Produktes.

Die Ansprüche an einen Markennamen sind vielfältig. Er soll Aufmerksamkeit erregen, positive Assoziationen wecken und die Wiedererkennbarkeit des Produktes unterstützen. Dies wird im folgenden Fallbeispiel erläutert.

Mae B. – Produkte eines Erotik-Shops für Frauen

Fallbeispiel Markennamen

Fünf Studentinnen der Universität der Künste Berlin haben im Jahr 2003 einen erfolgreichen Markennamen für Produkte eines Erotik-Shops der Beate Uhse AG kreiert. Das Angebot wendet sich ausschließlich an Frauen: Push-up-Slips, Sexspielzeug oder Accessoires, wie Prosecco in Edeloptik für die Handtasche, können erworben werden. Die Studentinnen erfanden den Namen Mae B., der sowohl als Shop-Name auftritt als auch die Eigenmarke auf den Produktverpackungen bezeichnet.

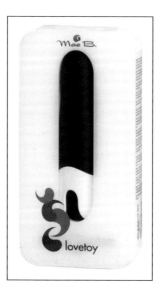

Abb. 4: Sexspielzeug der Marke Mae B. (Quelle: Beate Uhse AG)

Wie werden Markennamen gebildet?

Minimale Anforderung war hierbei, dass der Name schmuddelfrei ist und die erotischen Phantasien potenzieller Kundinnen anregt. Als Motto diente ein Zitat der chilenischen Schriftstellerin Isabell Allende: „Erotik ist, wenn man eine Feder benutzt; Pornografie, wenn man das ganze Huhn verwendet." So kann man nämlich das Problem formulieren, das die meisten Frauen haben, wenn sie in einen Sexshop oder ein Pornokino gehen: Sie suchen einzelne Federn und finden ganze Hühner.

Ausgehend von diesem Motto wurden mithilfe von klassischen Kreativitätstechniken wie Brainstorming oder der Methode 6-3-5 eine Vielzahl möglicher Namen und Variationen geschaffen. Diesen Kreativitätstechniken ist gemein, dass sie nach dem Prinzip der freien Assoziation funktionieren, einer Gehirnfunktion, die ursprünglich voneinander isolierte Gedächtnisinhalte bewusst oder unbewusst verknüpft. In der Umgangssprache heißt dies „Querdenken" oder „um die Ecke denken". Der Psychologe Edward de Bono hat hierfür auch den Begriff des lateralen Denkens geprägt. Das laterale Denken ist nach Ansicht de Bonos eine Denkmethode, die hilft, in Bezug auf ein beliebiges Thema systematisch verschiedene Denk- und Wahrnehmungsperspektiven einzunehmen – was nicht nur beim Finden von Markennamen essenziell sein kann.

Wenn Kreativmethoden nicht mehr helfen, finden bei der Generierung neuer Namen auch Sprachwörterbücher oder enzyklopädische Nachschlagewerke aller Art Anwendung. Es werden sogar spezielle Computerprogramme genutzt, die auf Basis eines gegebenen Corpus eine Vielzahl von Namen generieren, die ähnlichen Gesetzmäßigkeiten und Bauprinzipien gehorchen.

Hat man eine Auswahl von Namen gefunden, die dem Kunden gefallen, muss noch geprüft werden, welche möglichen Assoziationen der Name auslösen könnte.

Kreation von Markennamen

Abb. 5: Massage-Öl der Marke Mae B. (Quelle: Beate Uhse AG)

Beim Aussprechen des Namens Mae B. denkt man vielleicht an das englische „maybe", also an das Wort vielleicht. Es verweist auf eine Art Freiwilligkeit, auf mehrere Möglichkeiten, auf Gedankenfreiheit, und lässt Raum für unbegrenzte Phantasie. Alles kann, nichts muss. Der Name steht vielleicht auch für eine Kundin, die Ihren vollen Namen nicht preisgeben möchte, und damit für eine Art Anonymität, die von Kundinnen des Erotikmarktes geschätzt wird. Der Vorname Mae erinnert sicher auch an die amerikanische Schauspielerin Mae West, die im Hollywood der 1930er-Jahre zu den bestbezahlten Filmstars zählte. Mae West galt als Inbegriff der Femme fatale und brach damals gültige sexuelle Tabus, indem sie beruflich wie privat die Freiheit der Liebe und die Gleichheit der Geschlechter proklamierte. Der Name Mae B. scheint also die Identität der Marke in idealer Weise abzubilden.

Herausforderungen beim Finden von Markennamen

Die Namensfindung ist umso schwieriger, je austauschbarer die Produkte werden. Auch bei denkbar einfachen Produkten wie Wasser oder Brot nimmt die Komplexität von Marktsegmenten zu. Wasser wird zum Markenprodukt stilisiert, sein Genuss verspricht eine schlanke Figur, Gesundheit, Fitness und Schönheit: das „feinperlige Quellwasser aus der Vulkaneifel" hat sich selbst unter dem Namen Apollinaris zur „Queen of Table Waters" ernannt, mit Wasser der Marke Evian demonstriert man französischen Lifestyle. Der Genuss des Schweizer Wassers Valser Classic zeugt von Traditionsbewusstsein, schließlich wird es bei seinem Weg durch „220 Millionen Jahre alte Gesteinsschichten" mineralisiert und sprudelt aus einer der „höchstgelegenen Quellen Europas". Das kostet natürlich – rund 60 Cent pro Liter. Weitaus günstiger und bequemer ist beispielsweise der Genuss von Berliner Leitungswasser: bestes Trinkwasser, frisch gezapft und unverpackt, ist hier schon für rund 0,3 Cent pro Liter zu haben.

Marken wie Vöslauer oder Römerquelle boten bis vor einigen Jahren lediglich die Produktvariationen mild, prickelnd oder still an – je nachdem, wie viel Kohlensäure sie enthalten. Heute umfasst das Segment „Near-Water" Getränke, die auf Wasserbasis mit Kräuter- oder Fruchtgeschmack versetzt sind. Als zartrosa, grün oder gelb getönte Flüssigkeiten lassen sie jedes normale Mineralwasser blass aussehen. Volvic führte diese Getränke bereits 1989 auf dem fran-

Abb. 6: Near-Water-Getränke der Marke Römerquelle (Quelle: Coca-Cola HBC Austria)

zösischen Markt ein, seit einigen Jahren boomt der Markt mit dem bunten Wasser auch in Deutschland. Die Near-Water-Getränke bieten eine Vielzahl von Zusatznutzen zum eigentlichen Hauptnutzen, dem Stillen des Durstes. Dies wird auch durch die Verpackung kommuniziert.

So soll Römerquelle *emotion brombeere limette* den Verstand schärfen, Römerquelle *emotion lemongrass* Körper und Seele aktivieren oder Römerquelle *emotion mango guave* die Kräfte erneuern – den Versprechungen auf den Verpackungen scheinen keine Grenzen gesetzt zu sein.

Markenversprechen formulieren

Der Konkurrent Vöslauer bietet neben normalem Mineralwasser mit Kohlensäure und dem stillen Wasser auch *Vöslauer Junior* für Kinder mit einer außergewöhnlichen Verpackung an: Wenn der Inhalt der 0,2 Liter fassenden bunten Nuckelflasche geleert ist, kann das Kind einen bunten Aufkleber vom Etikett ablösen und das Mundstück als Tröte verwenden.

2 Claim/Slogan

Slogan als „Ohrwurm"

Der Claim oder Slogan (von gälisch *sluaghghairm*, Schlachtruf oder Losung) verdichtet die werbliche Aussage zum Produkt auf eine Phrase oder einen kurzen Satz. Slogans sind im Idealfall kurz und eingängig und werden langfristig verwendet. Häufig enthalten sie den Produkt-, Marken- oder Unternehmensnamen oder bilden eine Einheit mit diesen Elementen. Der Slogan sollte als mnemotechnischer Code einfach zu erinnern sein und sich wie ein „Ohrwurm" schnell im Gedächtnis der Bezugsgruppen festsetzen: als Zeichen für dasselbe Objekt mit einer bestimmten Bedeutung. Manche Markennamen schaffen es, zum Begriff für eine gesamte Produktgattung zu werden: Tesa steht für Klebeband, Tetra-Pak für Safttüte oder Tempo für Taschentuch. Diese Namenskarriere wird Deonymisierung genannt: Tempo, Tetra-Pak oder Tesa sind von Markennamen zu Begriffsmonopolen geworden.

Auch für Slogans fallen jedem an Kommunikation interessierten Menschen spontan erfolgreiche und langlebige Phrasen ein, die Teil der Alltagssprache geworden sind:

- Clausthaler: Nicht oft, aber immer öfter
- L' Oréal: Weil Sie es sich wert sind
- Blend-a-med: Damit Sie auch morgen noch kraftvoll zubeißen können
- OTTO: Find' ich gut

3 Verkehrsbezeichnung

Die Verkehrsbezeichnung, z. B. Saft oder Feinkostsalat, muss auf der Verpackung an gut sichtbarer Stelle stehen.[5] Unter Verkehrsbezeichnung ist eine Beschreibung des Lebensmittels zu verstehen,

---

[5] Die Verkehrsbezeichnung eines Lebensmittels ist nach Lebensmittel-Kennzeichnungsverordnung (LMKV) § 4 geregelt und online abzurufen: Bundesministerium der Justiz: Verordnung über die Kennzeichnung von Lebensmitteln, http://www.gesetze-im-inter net.de/lmkv, 30.11.2009

Rechtliche Definitionen

die es dem Verbraucher ermöglicht, die Art des Produktes zu erkennen und es von verwechselbaren Erzeugnissen zu unterscheiden. Nach Fruchtsaft-Verordnung (FrSaftV) darf beispielsweise als Saft nur ein solches Getränk bezeichnet werden, das zu einhundert Prozent aus dem Fruchtsaft und Fruchtfleisch der entsprechenden Früchte stammt. Feinkostsalate sind, um ein weiteres Beispiel zu nennen, nach der Definition des Deutschen Lebensmittelbuchs „verzehrfertige Erzeugnisse aus Zutaten tierischer und/oder pflanzlicher Herkunft in einer geschmacklich hierauf abgestimmten Soße".[6] Neben der Verkehrsbezeichnung ist es für einige Produkte erforderlich, die Konzentration bestimmter Merkmale anzugeben. So steht beispielsweise auf einer Flasche Apfelsaft Marke Beckers Bester „100 Prozent Direktsaft". Auf dem Etikett einer Flasche Sekt der Marke Rotkäppchen ist zu lesen „11 % vol".

4 Herstellerangabe

Kontaktdaten des Herstellers

Auf Verpackungen von Lebensmitteln sind der Name oder die Firma und die Anschrift des Herstellers, des Verpackers oder eines in der Europäischen Union niedergelassenen Verkäufers anzugeben. Nicht erst seit den aktuellen Anwendungen des sogenannten Web 2.0 steht der Dialog mit den Kunden im Zentrum der Aufmerksamkeit vieler Markenhersteller. Deshalb sind neben der Adresse des Herstellers für die Bereiche Service und Kundendialog oft Hinweise auf gebührenfreie Info- oder Beschwerde-Hotlines zu finden.

---

[6] Bundesministerium für Ernährung, Landwirtschaft und Verbraucherschutz: Leitsätze für Feinkostsalate, http://www.bmelv.de/cae/servlet/contentblob/379760/publication File/22008/LeitsaetzeFeinkostsalate.pdf, 30.11.2009. Die Leitsätze des Deutschen Lebensmittelbuchs für weitere Produkte sind online abzurufen: Bundesministerium für Ernährung, Landwirtschaft und Verbraucherschutz: Die Leitsätze des Deutschen Lebensmittelbuchs, http://www.bmelv.de/cln_102/sid_A080978DE8021E9EBBCE2D6F483E7 FDD/SharedDocs/Standardartikel/Ernaehrung/SichereLebensmittel/Kennzeichnung/ Lebensmittelbuch/LeitsaetzeLebensmittelbuch.html?nn=406646, 30.11.2009.

5 Mengenkennzeichnung

Die Kennzeichnung der Menge des Inhalts erfolgt nach Gewicht (Kilogramm oder Gramm), bei flüssigen Lebensmitteln oder bei Speiseeis nach Volumen (Liter oder Milliliter) oder Stückzahl (z. B. bei Kaugummi). Flaschen erfordern eine besondere Kennzeichnung von Herstellerzeichen und dem Nennvolumen, dem gesetzlich geregelten Sollinhalt der Flaschen: Als Nennvolumen wird beispielsweise bei einer „normalen Weinflasche" 0,75 Liter angegeben.

6 Zutaten und Zusatzstoffe

Wichtige Hinweise auf Zusatzstoffe

Als Zutat müssen alle Stoffe angegeben werden, die bei der Herstellung Verwendung finden. Sie werden in fallender Reihenfolge deklariert, das heißt, die Zutat, die den größten Teil des Produktes ausmacht, steht an erster Stelle. Als Zusatzstoffe bezeichnet man beispielsweise Antioxydantien, Emulgatoren, Farbstoffe oder Geschmacksverstärker. Zurzeit sind in der Europäischen Union über 300 Stoffe als Lebensmittelzusatzstoffe mit einer E-Nummer zugelassen.

Oft sind (rechtlich vorgeschriebene) Hinweise oder Zutatenangaben für den Großteil der Konsumenten unverständlich. Wer weiß beispielsweise, was eine Phenylanalinquelle ist, wenn er einen Kaugummi verzehrt? Für die meisten Verbraucher ist dieser Hinweis überflüssig. Für Menschen jedoch, die an der seltenen Erbkrankheit Phenylketonurie leiden, kann diese Angabe lebensrettend sein. Phenylalanin, eine Aminosäure, wird von dieser Personengruppe aufgrund eines Enzymmangels nicht richtig verdaut, die Aufnahme des Stoffes kann so Verwirrung und Krampfanfälle auslösen.

Der himmlische Schwindel – „Philadelphia alla Pesto Verde" von Kraft Foods

Kraft bewirbt den „Philadelphia des Jahres" als „mediterranen Genuss" mit „sonnengereiften Tomaten". Diese werden auf der Verpackung neben einem Mörser voll Pesto großflächig dargestellt.

Die Verbraucherorganisation Foodwatch reklamierte, die Frischkäsezubereitung enthalte gerade einmal 0,4 Prozent getrocknete Tomaten – das sind 0,7 Gramm pro Packung – und statt Pesto lediglich eine Basilikum-Schmelzkäse-Mischung. Es ist legal, Zutaten ausdrücklich zu bewerben, die nur in winzigen Mengen im Produkt enthalten sind. Trotzdem kann es in diesem Fall als Irreführung der Verbraucher bezeichnet werden.

Gentechnisch veränderte Lebensmittel

Gentechnisch veränderte Lebens- und Futtermittel müssen in der Europäischen Union seit dem Jahr 2004 gekennzeichnet werden. Weltweit verfüttert man etwa 80 Prozent aller gentechnisch veränderten Pflanzen an landwirtschaftliche Nutztiere. Auf tierischen Produkten wie Fleisch, Milch oder Eiern muss dies nicht kenntlich gemacht werden. Wird die gentechnisch veränderte Pflanze direkt zu Nahrungsmitteln verarbeitet, müssen das die Hersteller auf der Packung angeben. Verbraucher bevorzugen Produkte, die ohne gentechnisch veränderte Pflanzen auskommen. Im Jahr 2009 entwickelte das Bundesministerium für Ernährung, Landwirtschaft und Verbraucherschutz (BMELV) das Siegel „Ohne Gentechnik", das die Wahlfreiheit der Konsumenten stärken soll. So wird es nur an Produkte vergeben, die garantiert ohne genmanipulierte Pflanzen hergestellt wurden.

Mit oder ohne Gentechnik?

Abb. 7: Siegel „Ohne Gentechnik" (Quelle: Bundesministerium für Ernährung, Landwirtschaft und Verbraucherschutz)

7 Nährwertkennzeichnung

GDA oder Nährwertampel?

Verbraucherschützer fordern seit längerer Zeit vereinfachte Darstellungen von Nährwerttabellen. Die vieldiskutierte und umstrittene Nährwertampel wird seit dem Jahr 2004 in Großbritannien auf Verpackungen verwendet. Für jedes Produkt wird dabei der Gehalt an Fett, gesättigten Fettsäuren, Zucker und Salz in absoluten Grammzahlen angegeben, per einhundert Gramm bzw. einhundert Milliliter. Jedem dieser vier Werte ordnet man eine der bekannten Ampel-Signalfarben Rot, Gelb oder Grün zu, je nachdem, ob es sich um einen hohen, mittleren oder niedrigen Gehalt des Nährwerts handelt.

In Deutschland wird das Ampel-System von industrienahen Organisationen kritisiert: Der unterschiedliche Bedarf der verschiedenen Verwendergruppen (Kinder, Schwangere oder ältere Menschen) werde hier nicht berücksichtigt.[7] Es ist jedoch zu vermuten, dass die Ablehnung der Ampel eher aufgrund von befürchteten Umsatzeinbußen erfolgt, vor allem bei kalorienreichen Produkten. Verbraucherschützer kritisieren die aktuell übliche freiwillige Nennung der GDAs (Guideline Daily Amounts) mit dem Argument, sie verschleiere die Nährwertangaben der Produkte eher, als dass sie durch die Kennzeichnung transparent werden. Hier werden die Nährwerte nicht auf eine Menge von 100 Gramm oder Milliliter bezogen, sondern auf eine Portionsgröße. Diese wird vom Hersteller festgelegt und entspricht nicht immer den individuellen Essgewohnheiten. Die Angaben nach GDA erschweren es, den Gehalt an Fett oder Zucker zwischen unterschiedlichen Produkten zu vergleichen. In einer von Foodwatch im Jahr 2009 in Auftrag gegeben repräsentativen Emnid-Umfrage fordern deshalb knapp siebzig Prozent der Befragten die Bundesregierung auf, sich für Nährwertangaben in Rot, Gelb, Grün einzusetzen.[8]

---

[7] Bund für Lebensmittelrecht und Lebensmittelkunde e.V.: Absurde Lebensmittelampel: Verbrauchertäuschung durch sinnlose Farbenspiele, http://www.bll.de/themen/naehrwertinformation.html/absurde_lebensmittel_ampel, 25.11.2009

[8] TNS Emnid: Umfrage zur Nährwertkennzeichnung, http://www.foodwatch.de/foodwatch/content/e36/e68/e23461/e24342/e24359/foodwatch_emnid-Umfrage_Nhrwertampel_20090202_ger.pdf, 30.11.2009

Der Tiefkühlkostanbieter Frosta hat die Nährwertampel längst eingeführt. Seit August 2009 ist auf den Verpackungsvorderseiten von vier Tiefkühlgerichten der Marke Frosta die farbige Ampel zu sehen. Mit diesem freiwilligen Schritt ist das Unternehmen Frosta den Wünschen der Verbraucher entgegengekommen.

Fallbeispiel Frosta

Die Marke Frosta ist in Deutschland Marktführer im Bereich der tiefgekühlten Fertiggerichte. Nach eigenen Angaben ist dies maßgeblich auf das im Jahr 2003 eingeführte Reinheitsgebot zurückzuführen: Hier wird als Kern der Markenstrategie versprochen, bei der Produktherstellung auf Farb-, Aroma-, Süßstoffe und Stabilisatoren zu verzichten. Das deutsche Reinheitsgebot für Bier, das im 16. Jahrhundert als älteste lebensmittelrechtliche Regelung überhaupt geschaffen wurde, diente als Namensgeber. Die Unique Selling Proposition, als erste und (bislang) einzige Tiefkühlmarke in Deutschland auf Zusatzstoffe zu verzichten, wird in allen PR- und Werbeformaten gestützt.

Abb. 8: Tiefkühl-Fertiggericht mit Nährwertampel der Marke Frosta (Quelle: Frosta AG)

8 Qualitätssiegel

Eine hohe Produktqualität wird von Marketing-Wissenschaftlern und -Praktikern nahezu einstimmig als erfolgversprechend betont. Auf Verpackungen wird der Beweis für Qualität oft durch ein Gütesiegel transportiert. Unterscheiden kann man hier individuelle Qualitätsversprechen, industrienahe Qualitätssiegel oder staatliche Qualitätssiegel.

Versprechen von Qualität, Sorgfalt und Leidenschaft

So steht auf Verpackungen der Marke Ritter Sport der Gründer Alfred Ritter mit seiner Unterschrift für die folgende Aussage ein: „Seit 1912 bürgt meine Familie mit ihrem Namen für die hohe Qualität unserer Schokolade. Jede Zutat wird mit Sorgfalt ausgesucht und jede Tafel mit Leidenschaft zubereitet."

Qualität und Sicherheit im Bereich von Fleischprodukten verspricht das QS-Siegel, das seit dem Jahr 2001 nach den BSE-Skandalen das Image von Fleischerzeugnissen wieder aufwerten sollte. Hierbei handelt es sich nicht um ein staatliches Prüfzeichen, sondern um ein Siegel der Lebensmittelwirtschaft. Die QS GmbH nennt sich „Bündnis für Lebensmittelsicherheit und aktiven Verbraucherschutz". Gesellschafter sind beispielsweise der Deutsche Bauernverband, die Centrale Marketing-Gesellschaft der deutschen Agrarwirtschaft

Abb. 9: QS-Siegel (Quelle: QS Qualität und Sicherheit GmbH)

Abb. 10: Bio-Siegel (Quelle: Bundesministerium für Ernährung, Landwirtschaft und Verbraucherschutz)

mbH (CMA) – also keine unabhängigen Verbraucherschutzorganisationen. Das QS-Prüfzeichen findet man heute nicht nur auf Fleisch und Fleischwaren, sondern auch auf frischem Obst, Gemüse und Kartoffeln.

Im Jahr 2001 wurde mit einer EU-Verordnung das staatliche Bio-Siegel geschaffen, eine Markierung, die, sofern verwendet, in Deutschland bei der Bundesanstalt für Landwirtschaft und Ernährung angezeigt werden muss. Derzeit verwenden über 3.000 Unternehmen das Bio-Siegel für insgesamt über 55.000 Produkte: Von Brot und Backwaren über alkoholische Getränke, Süßwaren oder Nahrungsergänzungsmittel sind nahezu alle Warengruppen vertreten.

Bio-Siegel für alle Warengruppen

Angesprochen dürfte sich hier vor allem die Zielgruppe der LOHAS (Lifestyle Of Health And Sustainability) fühlen: Diese Kunden gelten als genussorientiert, gut verdienend und ökobegeistert. Die LOHAS sind als Kunden beliebt, denn sie sind bereit, für Bio-Produkte mehr zu zahlen. Dass nicht überall „Bio" drin ist, wo „Bio" draufsteht, zeigt das folgende Beispiel.

Glücklich werden mit „beo Heimat Apfel-Birne" der Carlsberg-Deutschland-Gruppe

Macht Bio glücklich?

Seit Mitte des Jahres 2008 ist das neue „biologische Erfrischungsgetränk" der Carlsberg-Deutschland-Gruppe in der 0,33-Liter-Longneck-Klarglasflasche im Handel und in der Gastronomie erhältlich. „beo" (lat. „beglücken") wird in den drei Geschmacksvarianten Holunder-Weißtee, Apfel-Birne und Grapefruit-Zitrone mit den Sortenbezeichnungen „Einklang", „Heimat" und „Ansporn" angeboten. Die Sortenbezeichnungen sollen dem gegenwärtigen Zeitgeist entsprechen und den Geschmack und Benefit der neuen Produktlinie klangvoll widerspiegeln, so die Presseinformation des Herstellers.

Wer das Etikett der Sorte „beo Heimat Apfel-Birne" liest, merkt bald, dass statt Bio-Äpfeln und Bio-Birnen nur Zitronensäure (E330) und Ascorbinsäure (E300) sowie nicht näher definiertes „natürliches Aroma" in der Flasche stecken. „Bio" sind an der

Brause damit nur der Zucker und das Gerstenmalz. Für die Hauptzutat Wasser gibt es keinen Bio-Standard. Trotz Bio-Siegel stammt das, was dem Getränk seinen charakteristischen Geschmack gibt, weder aus der namengebenden Frucht noch aus biologischem Anbau. Die Kennzeichnung mit Bio-Siegel ist aus rechtlicher Sicht trotzdem korrekt.

Abb. 11: Bio-Mixgetränk „Beo" der Carlsberg Deutschland Gruppe (Quelle: Carlsberg Deutschland GmbH)

CO_2 – Klimasiegel In Schweden wurde im Jahr 2009 ein „Klimasiegel" eingeführt, das die Menge an Kohlendioxid darstellt, die von der Gewinnung der Rohstoffe bis zur Entsorgung der Überreste benötigt wird. Auf einer Packung mit einem Kilogramm Haferflocken ist demnach zu lesen, dass die Ware 0,87 Kilogramm CO_2 produzierte, für ein Kilo Rindfleisch werden 15 bis 25 Kilogramm CO_2 deklariert. Schweden ist weltweit das erste Land, das ein Klimasiegel auf Nahrungsmittel eingeführt hat.

9 Haltbarkeitsangabe

Unter Mindesthaltbarkeit wird das Datum verstanden, bis zu dem das Lebensmittel unter angemessenen Aufbewahrungsbedingungen seine Eigenschaften behält. Das Datum wird mit Tag, Monat und Jahr angegeben.

10 Los-(Chargen-)Kennzeichnung

Im Falle von Produktionsfehlern oder Beanstandungen können Produkte anhand ihrer Los-Kennzeichnung identifiziert werden. Ein Los ist dabei die Menge aller in einem gleichen Produktionsdurchgang hergestellten Produkte. Die Losnummer besteht aus Buchstaben und Zahlen, der Buchstabe *L* ist der Losnummer vorangestellt.

11 Verwertungszeichen

Die Verwertungszeichen sollen das Sammeln und Wiederverwerten von Verpackungsmaterialien erleichtern. Der „Grüne Punkt" wird seit 1990 in 25 europäischen Ländern genutzt und erscheint nach eigenen Angaben der Duales System Deutschland GmbH jährlich auf mehr als 460 Milliarden Verpackungen.[9]

12 Einweg- und Mehrwegpfand

Seit dem Jahr 2003 gibt es in Deutschland neben dem Pfand für Mehrwegflaschen das Einwegpfand. Mehrwegflaschen werden mit dem Mehrweg-Zeichen oder dem Text „Mehrwert" versehen, Einwegflaschen mit Pfandpflicht werden seit dem Jahr 2006 einheitlich mit dem DPG-Logo (Deutsches Pfandsystem GmbH) gekennzeichnet. Auf Einwegflaschen ohne Pfandpflicht ist gelegentlich zu lesen: Kein Pfand!

Wie entsorgen?

---

[9] Duales System Deutschland GmbH: Der Grüne Punkt, http://www.gruener-punkt.de/de/kunden-infoservice/die-marke-der-gruene-punkt.html, 30.11.2009

Abb. 12: Mehrweg-Zeichen
(Quelle: Arbeitskreis Mehrweg GbR)

Abb. 13: Zeichen für Einwegflaschen
mit Pfandpflicht (Quelle: DPG Deutsche
Pfandsystem GmbH)

13 Produktverwendung

Erklärungsbedürftige Produkte benötigen Anleitungen oder Hinweise zur Benutzung. So werden beispielsweise im Bereich der Lebensmittel Hinweise zum Dosieren, zur Zubereitung oder zur Kombination mit anderen Produkten gegeben.

Informative Beipackzettel

Aber auch Hygieneartikel wie Kondome oder Tampons kommen ohne „Beipackzettel" oft nicht aus. Auf dem Produktinformationszettel von Kondomen der Marke Durex findet man neben Anwendungshinweisen auch ausführliche Hinweise auf die „Durex-Qualitäts-Faktoren" sowie andere Produkte des Herstellers. Die bildliche Darstellung kann hier die Verständlichkeit des Textes entscheidend unterstützen. Der Möbelfabrikant IKEA hat dieses Prinzip konsequent umgesetzt. Die (international verwendeten) Montageanleitungen der Möbel kommen größtenteils ohne Worte aus.

14 Barcode

Maschinenlesbare Codes auf den Verpackungen vereinfachen die Registrierung von Wareneingang und -ausgang im Supermarkt. Für die Kunden stellt die automatische Preisermittlung an der Kasse oft

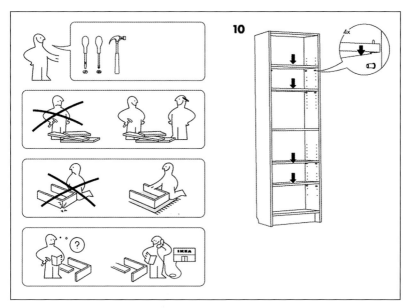

Abb. 14: Montageanleitung des Wandregals „Billy" (Quelle: IKEA Deutschland)

einen Zeitgewinn dar. Der Barcode kann neuerdings aber auch von Kunden mithilfe des Handys gescannt werden. Abgerufen werden hier über die Verpackung hinausgehende Informationen, wie beispielsweise Preisvergleiche, Testberichte, Öko-Bilanzen oder Gesundheitsinformationen. Das Berliner Start-up-Unternehmen Barcoo bietet kostenlos eine Software an, die handelsübliche Handys zum Barcode-Scanner macht.[10]

Intelligente Barcodes

Literatur

Buchner, Nobert: Verpackung von Lebensmitteln. Berlin 1999.

Quadejacob, Lars: Alte Hüllen, neue Packungen, in: Design Report 02/2009, S. 29.

---

[10] Barcoo UG: Einfaches Scannen von Barcodes mit Deinem Handy, http://www.barcoo.de, 25.11.2009

Quellen

Designlexikon: Designer, http://designlexikon.net/Designer/K/kupetzgunter.html, 25.11.2009

Men's Health: Mogelpackung Frau, http://www.menshealth.de/sex/raetsel-frau/mogelpackung-frau.97283.htm, 29.11.2009

Bundesministerium der Justiz: Verordnung über die Kennzeichnung von Lebensmitteln, http://www.gesetze-im-internet.de/lmkv, 30.11.2009

Bundesministerium für Ernährung, Landwirtschaft und Verbraucherschutz: Leitsätze für Feinkostsalate, http://www.bmelv.de/cae/servlet/contentblob/379760/publicationFile/22008/Leitsaetze Feinkostsalate.pdf, 30.11.2009

Bundesministerium für Ernährung, Landwirtschaft und Verbraucherschutz: Die Leitsätze des Deutschen Lebensmittelbuchs, http://www.bmelv.de/cln_102/sid_A080978DE8021E9EBBCE2D6F483E7FDD/SharedDocs/Standardartikel/Ernaehrung/SichereLebensmittel/Kennzeichnung/Lebensmittelbuch/LeitsaetzeLebensmittelbuch.html?nn=406646, 30.11.2009

Bund für Lebensmittelrecht und Lebensmittelkunde e.V.: Absurde Lebensmittelampel: Verbrauchertäuschung durch sinnlose Farbenspiele, http://www.bll.de/themen/naehrwertinformation.html/absurde_lebensmittel_ampel, 25.11.2009

TNS Emnid: Umfrage zur Nährwertkennzeichnung, http://www.foodwatch.de/foodwatch/content/e36/e68/e23461/e24342/e24359/foodwatch_emnid-Umfrage_Nhrwertampel_20090202_ger.pdf, 30.11.2009

Duales System Deutschland GmbH: Der Grüne Punkt, http://www.gruener-punkt.de/de/kunden-infoservice/die-marke-der-gruene-punkt.html, 30.11.2009

Barcoo UG: Einfaches Scannen von Barcodes mit Deinem Handy, http://www.barcoo.de, 25.11.2009

Kapitel 8
Verpackungen multisensuell stimmig gestalten – Mit Klang und Duft Mehrwert erzielen

Christina Vaih-Baur

Wir nehmen unsere Umwelt immer mit allen unseren Sinnen wahr – auch ein Produkt und dessen Hülle. Daher erscheint es dringend erforderlich, dass wir einen Blick auf das sinnliche Design von Verpackungen werfen. In diesem Kapitel wird die multisensuell stimmige Gestaltung von Produkten und Verpackungen besprochen. Es geht dabei um die Wirkung von sinnlichen Ausstattungen von Verpackungen auf den Menschen. Zudem wird erläutert, warum eine multisensuell stimmige Verpackung vom Konsumenten gegenüber Konkurrenzprodukten bevorzugt wird.

Hierzu wird aufgezeigt, wie eine harmonisch sinnliche Verpackungsgestaltung erreicht werden kann. Dabei werden Handlungsanweisungen für die Praxis gegeben. Es wird beschrieben, wie die multisensuelle Wahrnehmung von Verpackungen beim Konsumenten abläuft.[1]

1 Konsumenten nehmen stets mit allen Sinnen wahr

Konsumenten sehen und fühlen ein Produkt und dessen Verpackung. Aber auch das Geräusch, die Oberflächenstruktur und oftmals sogar der Geruch spielen eine zentrale Rolle bei der Wahrnehmung von Verpackungen. Der Mensch erfährt die Eigenschaften von Produkten und deren Verpackungen sowohl kognitiv, affektiv als auch somatisch. Dieses leibliche Wahrnehmen von Produkten fließt

Sinnliche Wahrnehmung von Verpackungen

---
[1] vgl. Vaih-Baur 2007

in die Befindlichkeit und in das Verhalten des Konsumenten ein.[2] Ein Haarspray spricht beispielsweise nicht nur den Seh- und den Tastsinn an. Es vermittelt seine Wirkung auch durch das Sprühgeräusch und durch den spezifischen Geruch. Ein Beispiel hierfür ist das Haarspray Shpritz von der Marke Sebastians. Das Sprühgeräusch soll laut Presseerklärung[3] akustisch entsprechend dem Namen Shpritz abgestimmt sein. Auch das Haargel Fructis Pss-Pss-Gel von Garnier lässt durch den lautmalerischen Namen ein spezifisches Sprühgeräusch erwarten. Nach Auskunft von Garnier[4] ist das Sprühgeräusch allerdings nicht akustisch gestaltet, sondern wurde nur in Kommunikationsmaßnahmen wie TV-Spots und Anzeigen hervorgehoben.

Sinnliche Stimmigkeit

Seit einigen Jahren haben Marketing- und Designautoren das Multisensuelle für sich entdeckt. Alle Sinne eines Konsumenten sollen nun stimmig zueinander angesprochen werden. Das Bedürfnis, ein sinnlich stimmiges Produkt und dessen Verpackung zu realisieren, resultiert auf der Herstellerseite aus der Tatsache, dass es immer schwieriger erscheint, mittels der herkömmlichen Marketinginstrumente einen Wettbewerbsvorteil gegenüber Konkurrenzprodukten zu erlangen.[5] Wenn Unternehmen am Markt bestehen wollen, dann müssen sie innovative Produkt- und Verpackungskonzepte finden. Neue Lösungen entstehen aber nur durch Umdenken. Kreative Prozesse sind hierfür erforderlich.

Neue Ideen für Verpackungen

Eine Chance für Unternehmen, sich ein Alleinstellungsmerkmal bei Konsumgütern am Markt zu erkämpfen, sind Innovationen auf Basis des multisensuellen Produkt- und Verpackungsdesigns. Diese Innovationen müssen sich dabei besser als die der Konkurrenz am Markt durchsetzen. Sie dürfen aber nicht ausschließlich die Produkthülle betreffen. Lässt sich ein Unternehmen auf die Realisierung einer fundierten multisensuellen Produkt- und Verpackungsgestaltung ein, können auch völlig neue Produkt- und Verpackungsideen ent-

---

[2] vgl. Böhme 1995, S. 54
[3] o. V.: Ikonen vergehen nie, http//: www.sebastian-ger.de/index.php?id= 6#link16, 08.11. 2005
[4] Gespräch mit einer Mitarbeiterin der Pressestelle des Kosmetikherstellers Garnier Fructis/L'Oréal am 13.07.2004.
[5] vgl. Liebl 2000, S. 7 ff.

stehen. Eine multisensuell stimmig gestaltete Verpackung muss nicht zwangsläufig alle fünf Sinne des Menschen gleichermaßen ansprechen. Im Einzelfall ist zu prüfen, welche Sinne sich als adäquat erweisen. Eine Reizüberflutung kann sich negativ auf die Produktakzeptanz auswirken. Viele Menschen reagieren abweisend auf den Overkill von Sinnesreizen, eine Tendenz zur zurückhaltenden Gestaltung ist deshalb auch zu beobachten. So sind manche hochwertige Produkte wie Kosmetikprodukte von der Marke Prada besonders schlicht verpackt.

Reizüberflutung

2 Welchen Nutzen hat eine sinnlich stimmig gestaltete Verpackung?

Sinnliche Gestaltungsmittel im Verpackungsdesign sind in der Lage, die Wirkung objektiv gegebener Produktleistungen und -nutzen zu betonen. Es ist aber darauf hinzuweisen, dass Mängel in der Produktleistung nicht dauerhaft durch ein harmonisch abgestimmtes multisensuelles Produkt- und Verpackungsdesign kompensiert werden können beziehungsweise dies gesetzlich verboten ist. In diesem Zusammenhang ist auf die Bestimmungen des Gesetzes gegen den unlauteren Wettbewerb (UWG) hinzuweisen. Unter Strafe gestellt werden irreführende Angaben über die Beschaffenheit von Waren und Leistungen sowie das Erwecken eines falschen Eindrucks.

Sinnliche Gestaltungsmittel und Produktnutzen

Durch die Verwendung einer Produktverpackung entstehen gewöhnlich mehr Kontakte mit Verbrauchern als durch vielfältige Maßnahmen der Markenkommunikation, beispielsweise der Werbung. Ein in sich stimmiges multisensuelles Produkt- und Verpackungsdesign ist demzufolge durch eine Konditionierung entscheidend an der Entstehung von inneren Markenbildern bei Konsumenten beteiligt.[6]

Weist ein Produkt ein tatsächliches Alleinstellungsmerkmal auf, verfügt es also über einen einzigartigen Nutzen, den kein anderes bie-

---

[6] vgl. Kroeber-Riel 1996, S. 264

ten kann, dann kann die multisensuelle Verpackungsgestaltung in den Hintergrund treten. Verbraucher kaufen das Produkt, weil sie von dem einzigartigen Nutzen profitieren möchten. Erst wenn Metoo-Produkte von Konkurrenzunternehmen auf dem Markt angeboten werden, die nicht nur diesen einzigartigen Nutzen, sondern auch eine bessere sinnliche Gestaltung aufweisen, entscheiden sich viele Konsumenten für das Produkt mit schönerer Anmutung.

Eine Verpackung kann auch klingen und riechen

Akustische Produktmerkmale

Bislang dominieren beim Verpackungsdesign visuelle und haptische Gestaltungsmittel. Akustische Merkmale ergeben sich meist eher ungezielt oder konzentrieren sich stark auf die Lärmvermeidung und Geräuscheindämmung. Doch auch Produktverpackungen können einen spezifischen wohlklingenden Sound erhalten, der zur Markenbildung beiträgt. So kann z. B. beim Öffnen eines Kartons mit Waschmittelpulver ein bestimmter Rhythmus entstehen, der zur Phonetik des Markennamens passt, oder eine Folienverpackung eines Parfums knistert so laut, dass sie z. B. an den „knalligen" Duft eines Designerparfums erinnert.

Eine bewusste olfaktorische Gestaltung von Produktverpackungen ist aber aufgrund der Kontamination in den Verkaufsräumen nur in Einzelfällen realisierbar. Hier werden z. B. Duftstreifen zum Aufrubbeln an der Verpackung angebracht. Die gustatorische Gestaltung von Verpackungen bezieht sich vorwiegend auf verzehrbare Erzeugnisse, die ein Produkt umhüllen. Hierzu zählen z. B. Süßigkeiten, die mit einer Zuckerhülle verpackt sind.

Zur Markenbildung von nicht essbaren Produkten können aber auch zusätzlich offerierte gustatorische Produkte wie Pralinen oder Kekse beitragen. Sie sind dann Bestandteil des multisensuellen Corporate Designs von Marken, wie die Kekse des Buchhändlers Hugendubel[7] oder die Pralinen der Dessousmarke Victoria's Secret.

---

[7] Kastner/Vaih 1998, S. 35

Was erwarten die Verbraucher von einer Marke und deren Verpackung?

Um diese Frage zu beantworten, muss die Erwartungshaltung von Konsumenten umfassend analysiert werden. Verbraucher haben gegenüber einer Marke eine spezifische emotionale, kognitive und auch somatische Erwartung, die vom Hersteller bei der jeweiligen Produkt- und Verpackungsgestaltung zu berücksichtigen ist. Alle multisensuellen Gestaltungsmittel sollten die Erwartungen der Konsumentin und des Konsumenten erfüllen oder besser noch übertreffen. Zudem muss der Hersteller die tatsächliche Produktverwendung sowie die Sehnsüchte, die das Produkt befriedigen soll, kennen. Diese Faktoren werden jedoch häufig nicht treffend bestimmt.

Verbrauchererwartungen

Abb. 1: Sehnsuchtsobjekte Harley-Davidson-Motorrad und Pflegemittel fürs Motorrad (Quelle: Harley-Davidson)

Anschlussfähigkeit der Produkte Die Anschlussfähigkeit der Produkte ist dann im Alltag des Konsumenten nicht gegeben.

Die Gestaltungsmittel müssen an den Erlebnissen der Menschen anknüpfen. Eine Verpackung, soll sie als stimmig wahrgenommen werden, sollte mit den eingesetzten sinnlichen Parametern immer an den Erfahrungen der Menschen anknüpfen. Diese Erfahrungen stellen im Gehirn spezifische neuronale Netze dar und können als Schema bezeichnet werden. Produkte inklusive deren Verpackungen, die mit bestimmten subjektiven Schemata bzw. inneren Bildern korrespondieren, werden rasch und unbewusst erkannt, danach eingeordnet und als in sich stimmig oder nicht stimmig empfunden.

Schemabilder Für die Kreation eines als harmonisch empfundenen Verpackungsdesigns ist das Wissen um biologische sowie kulturelle und konsumentenspezifische Schemabilder entscheidend. Da die passenden Schemabilder im Gehirn eines Konsumenten miteinander vernetzt sind, können im Verpackungsdesign mehrere sinnliche Schemabilder gleichzeitig angesprochen werden – vorausgesetzt, sie werden von den entsprechenden Konsumenten als in sich und zueinander stimmig empfunden.

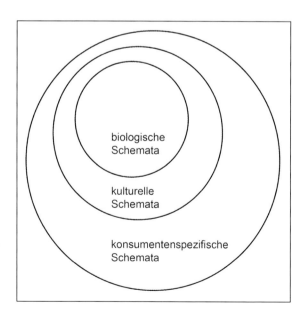

Abb. 2: Ineinanderwirken biologischer, kultureller und konsumentenspezifischer Schemata (Quelle: Vaih-Baur 2007, S. 66)

Angeborene und erworbene Schemata dienen dabei dem Zweck, Komplexität zu vermindern, indem beim Wahrnehmen, Vorstellen und Denken eine Fülle von Einzelheiten sofort in ein einfaches Muster gebracht werden. Diese Schemata sind im Gehirn in Netzwerken miteinander verbunden.[8] Auf diese Weise kommen multisensuelle Schemata zustande.

Netzwerke im Gehirn

Die Präferenz eines Konsumenten für ein bestimmtes Produkt hängt wesentlich davon ab, inwieweit das Produkt auf ein bei ihm vorhandenes Schemabild trifft. Spricht beispielsweise die Produktverpackung oder auch ein sinnliches Gestaltungsmittel, wie Farbe oder Geruch, ein charakteristisches Schema an, dann schließt der Verbraucher auf das Vorhandensein spezifischer Produkteigenschaften, auch wenn diese nicht unmittelbar wahrgenommen werden können. Das Abweichen eines sinnlichen Gestaltungsmittels von einem Schemabild führt zu einer verstärkten Aufmerksamkeit und Wahrnehmung.[9]

Verstärkte Aufmerksamkeit bei abweichenden Gestaltungsmitteln

Abb. 3: Biologische Schemabilder: Weibliche und männliche Büste der Gaultier-Parfums
(Quelle: Christina Vaih-Baur)

---

[8] Schmidt/Zurstiege 2000, S. 157
[9] Kroeber-Riel/Weinberg 2003, S. 234

Abb. 4: Kulturelles Schemabild DKNY-Parfum „Be Delicious" (Quelle: DKNY)

Abb. 5: Konsumentenspezifisches multisensuelles Schemabild CK One als limited Edition „We are One" mit passendem Song von Model Jamie Burke (Quelle: Presse Calvin Klein, Haeberlein & Mauerer Ag), (siehe auch www.youtube.com)

Im Einzelfall muss jedoch untersucht werden, bis zu welchem Grad der Konsument eine Abweichung eines sinnlichen Gestaltungsmittels vom Schemabild akzeptiert. Es können entweder ein vorhandenes Schemabild aufgegriffen, vorhandene Schemabilder neu kombiniert oder ein neues Schemabild eingeführt werden. Folglich dienen spezifische Schemabilder als hilfreiche Orientierung bei der Realisierung eines stimmigen akustischen, olfaktorischen, visuellen, taktilen und gustatorischen Produktdesigns. Ein Schemabild kann sich entweder in allen sinnlichen Gestaltungsmitteln wiederfinden oder es erfolgt ausgehend von einer stimmig fixierten Produkt- beziehungsweise Markenidentität eine stimmige Übersetzung in unterschiedliche, aber zueinander passende sinnliche Schemabilder.

Die Analyse der Werte und Bedeutungen der Gestaltungsmittel im Verpackungsdesign

Ob das Zusammenwirken der multisensuellen Gestaltungsmittel als harmonisch eingeschätzt wird, ist auch abhängig von den Werten und den Bedeutungen der Produktverpackungen bzw. der kombinierten Gestaltungsmittel, die zu einem bestimmten Zeitpunkt in der Gesellschaft bestehen und die sich die Menschen in der Alltagskultur angeeignet haben. Die kollektive Bedeutungszuschreibung von sinnlichen Gestaltungsmitteln verbindet die Verbraucher als Zielgruppe. Die Empfindung von Stimmigkeit ist dabei ein zeitlich begrenztes Phänomen, da sich Konsumentenkonfigurationen nicht (mehr) anhand von stabilen Daten erfassen lassen. Verbrauchergruppen, die die Verpackung eines Produkts bzw. einer Marke als stimmig empfinden, sind also flüchtige Erscheinungen. Lässt ein multisensuelles Design unterschiedlichste Auslegungen zu, so kann es folglich von unterschiedlichsten Verbrauchern akzeptiert werden.

Werte und Bedeutungen der Gestaltungsmittel

Die Stimmigkeit multisensueller Gestaltungsmittel aus kommunikationstheoretischer Sicht

Aus einer kommunikationstheoretischen Perspektive werden Gestaltungsmittel dann als stimmig zueinander empfunden, wenn die entsprechenden Zeichen bzw. Zeichensätze die gleichen Informationen und Bedeutungen vermitteln. Eine Stimmigkeit lässt sich aber auch erreichen, wenn die durch die Zeichen bzw. Zeichensätze transportierten Informationen und Bedeutungen einen jeweils anderen, kanalspezifischen Aspekt der Produkt- bzw. Markenidentität enthalten. So informiert z. B. eine blaue Nivea-Bodylotion-Flasche den Verbraucher über die Reinheit und Herkunft der Lotion. Der Duft hingegen vermittelt Milde und Pflege. Die Signale bedingen einander und üben einen Einfluss aufeinander aus. Die Gesamtbedeutung des Produkts, die in der Produktidentität zusammengefasst sein sollte, muss durch die Gestaltungsmittel auch in der Verpackungsgestaltung unterstützt sowie präzisiert werden. Die Gestaltungsmittel müssen sich dabei wechselseitig verstärken. Gemeinsam tragen sie

Kommunikationstheoretische Betrachtung

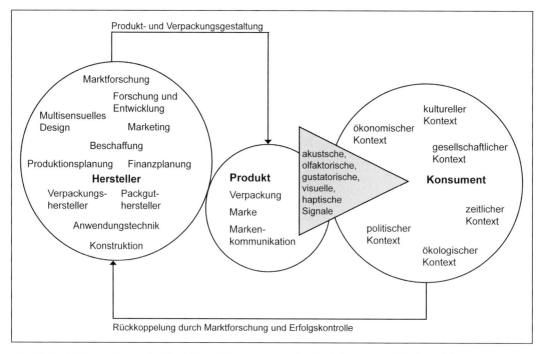

Abb. 6: Modell für multisensuelles Produkt- und Verpackungsdesign (in Anlehnung an Vaih-Baur: 2007, S. 84)

dazu bei, dass die Verpackung eine Bedeutung vermittelt, die möglichst viele Personen verstehen sollten.

Hersteller liefern Identifikationsangebote

Der Hersteller bringt multisensuelle Produkte als Kommunikationsangebote hervor, die von potenziellen Konsumenten verstanden, zugeordnet und akzeptiert werden müssen. Das Design muss Identifikationsangebote liefern, die auf unterschiedlichsten Ebenen wirksam werden können. Die Kontexte der Konsumenten bestimmen dabei wesentlich die Rezeption der sinnlichen Zeichen. Insbesondere die Erwartungshaltung des Konsumenten gegenüber einem Produkt, die tatsächliche Produktverwendung sowie die Sehnsüchte, die das Produkt befriedigen soll, werden jedoch häufig nicht treffend bestimmt. Die Anschlussfähigkeit der Produkte ist dann nicht gegeben.[10]

---

[10] Eine ausführliche Beschreibung des Modells findet sich in Vaih-Baur 2007, S. 84–92

Ein multisensuelles Verpackungsdesign erfordert kreative Prozesse

Ein multisensuell stimmiges Verpackungsdesign kann nicht durch eine starre, vorgefertigte Zuordnung einzelner sinnlicher Gestaltungsmittel erreicht werden. Für den jeweiligen Kontext des Produkts sind die sinnlichen Gestaltungsmittel also in der Verpackungsgestaltung neu zu kombinieren. Mit intensivem Aufwand können zwar grobe, zeitlich eng begrenzte multisensuelle Raster erstellt werden, die eine Orientierung in sinnlich stimmigen Gestaltungsfragen ermöglichen. Aktuell passt beispielsweise die Farbe Lila zu einem frischen Fliederduft und wird bei seidig-leichten Stoffen eingesetzt. In den 1950er-Jahren hingegen verband man mit dieser Farbe eher einen Lavendelduft und schwere Samtstoffe. Derartige Raster müssen also konsequent auf die Identität der Marke hin erforscht werden. Ferner sind diese Raster niemals allgemeingültig und erweisen sich daher oft als unpraktikabel.

Kreative Prozesse im Verpackungsdesign

Neben den genannten Faktoren existieren noch weitere, die eine multisensuelle Stimmigkeit im Produkt- und Verpackungsdesign erzeugen. Das Modell für die Erzeugung von Stimmigkeit im Produktdesign fasst 16 Faktoren zusammen, die als Handlungsanweisung in der Praxis eingesetzt werden können, um ein multisensuell stimmiges Produkt und dessen Verpackung zu erzeugen.

Erzeugung von Stimmigkeit

Abbildung 7 (siehe S. 142) zeigt die weiteren Faktoren, die bei einer multisensuell stimmigen Verpackungsgestaltung zu beachten sind. So ist es z. B. nicht nur wichtig, die Zielgruppen zu kennen. Es ist auch elementar, die Lebensgefühle, die in der Gesellschaft existieren, zu identifizieren und im Verpackungsdesign umzusetzen.

Anwendung der Erkenntnisse auf Kosmetikmarken

Am Beispiel unterschiedlicher Kosmetikprodukte lässt sich ein idealtypischer multisensueller Wahrnehmungsvorgang bei einer Konsumentin zeigen. Zunächst unternimmt die Konsumentin eine Fernprüfung des Objekts: Sie betrachtet das Objekt mit ihren Augen. Die Rezipientin nimmt Verpackungseigenschaften wie Farbe, Oberfläche und Größe wahr. Der optische Eindruck er-

Idealtypischer Wahrnehmungsvorgang

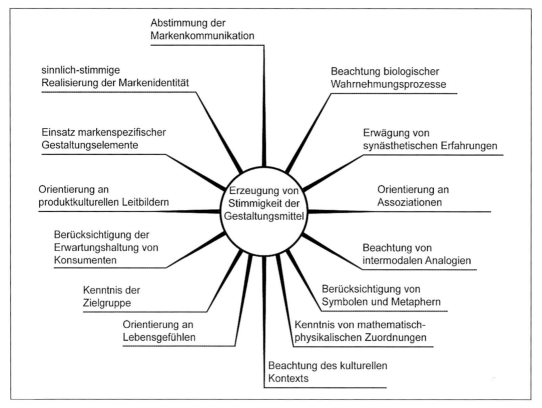

Abb. 7: Modell zur Erzeugung von Stimmigkeit im multisensuellen Produktdesign (Quelle: Vaih-Baur 2007, S. 178)

zeugt Erwartungen bezüglich der anderen sensorischen Dimensionen. Farbe und Form eines Parfumflakons sollten beispielsweise die Betrachterin schon auf den Duftcharakter des Parfums einstimmen. Parfums für Konsumentinnen sprechen oftmals den Archetypus der Anima an.

Ein weiterer wichtiger Bestandteil der Fernprüfung ist die haptische Beurteilung. Hierbei werden das Material, die Form und die Oberflächenstruktur des Produkts mit den Händen überprüft. So weisen viele Parfumflakons eine strukturierte Oberfläche auf. Das Parfum „Roma" von Laura Biagiotti besitzt die Form einer antiken Tempelsäule. Die außergewöhnliche Form eines Rings hat das erste Boucheron-Parfum. Das Gefäß kommuniziert also zuerst, und dadurch wird der Duft kommuniziert. Erst wenn diese Ebene angesprochen ist, folgt die nächste.

Manche Verpackungen, wie der rote samtige Karton des Parfums Dolce & Gabbana Femme, verströmen auch den Parfumduft, sodass dieses Element auch als Bestandteil der Fernprüfung zu werten ist. In diesem Zusammenhang beeinflussen auch akustische Reize die Produktwahrnehmung und -beurteilung. Das Drücken des Sprühknopfes eines Parfums oder Deodorants verursacht ein bestimmtes Geräusch, das je nach Tonhöhe und Lautstärke einen anderen Duft erwarten lässt. Der Flakon des Parfums „Gaultier² – The Love Code" hingegen ist aus Glas mit einem goldenen Zerstäuber. Er setzt sich aus zwei Elementen zusammen. Die beiden Flaschen ziehen sich durch einen Magnet an. Setzt man sie zusammen, hört man ein deutliches Klick-Geräusch. Dieses Geräusch soll die Verbindung zweier Menschen symbolisieren – denn jedem ist der umgangssprachliche Ausdruck „Es hat Klick gemacht!" bekannt.

Akustische Prüfung

Die olfaktorische Prüfung stellt sicher, ob der Duft gefällt und dieser die Wirkung z. B. einer Bodylotion transportiert. Die Er-

Olfaktorische Prüfung

Abb. 8: Parfum „Gaultier² – The Love Code" (Quelle: Gaultier)

wartungen, die durch die akustische, olfaktorische, visuelle und haptische Fernprüfung ausgelöst werden, haben zur Folge, dass sich der Organismus auf die unmittelbare Anwendung des Produkts einstellt. Dies macht sich schon beim Riechen eines kosmetischen Schönheitstees, z. B. von den Kosmetikmarken Aveda und Origins, durch eine vermehrte Speichelbildung bemerkbar.

Nahprüfung

Die sensorische Nahprüfung beginnt bei verzehrbaren Kosmetikprodukten, wie den oben erwähnten Tees oder der Peace-of-Mind-Gumball von Origins, mit der Aufnahme des Produkts in den Mund, bei Körperlotionen mit dem Verteilen der Lotion auf der Haut. Bei verzehrbaren Kosmetikprodukten, wie den Origins-Kaugummis, analysiert das gustatorische System durch Kauen und Schlucken wasserlösliche und das olfaktorische System flüchtige Rezepturbestandteile. Auch haptische Sinneseindrücke fließen während des Verzehrs in die Wahrnehmung und Beurteilung ein. Hinzu kommen Temperaturempfindungen, wie die kühlende Wirkung von Menthol.

Mit dem Tastsinn fühlt die Konsumentin, wie reichhaltig und pflegend eine Lotion, Creme oder ein Duschgel für die Haut sind. Aus diesen Empfindungen zieht sie Rückschlüsse auf die Produktqualität und -eigenschaften. Da das limbische System wesentlich an allen Verhaltens- und emotionalen Prozessen beteiligt ist, ist eine positive sensorische Beurteilung des Produkts entscheidend. Die neuronalen Muster aus allen Sinnesorganen werden im Gehirn gebündelt und emotional bewertet. Die Produktakzeptanz kann sich damit positiv oder negativ auf das Verhalten auswirken.

Subjektive Faktoren bestimmen das Erlebnis

Das menschliche Gehirn gibt also nicht einfach nur die mit seinen fünf Sinnen wahrgenommene objektive Verpackung wieder. Immer fließen subjektive Faktoren in die Wahrnehmung und das daraus entstehende psychisch und körperlich empfundene Erlebnis mit ein.

Jedes Individuum erfährt ein Produkt und dessen Verpackung bei jedem Wahrnehmungsvorgang anders. Neben unzähligen Dimensionen ist dabei die Dimension Gedächtnis stets beteiligt. Alle Erfahrungen, Situationen und Assoziationen, die mit dem Wahrgenommenen in Verbindung stehen, werden demnach beim Menschen angeregt.[11] Anders ausgedrückt: Ein aus den Erfahrungen konstruiertes Geflecht unterschiedlicher Schemata wird selektiert. Das bedeutet, dass alles, was wir über ein Produkt und dessen Verpackung gelernt haben, und alles, was wir damit erlebt haben, in unsere Wahrnehmung und Beurteilung der Verpackung sowie unsere Entscheidungen mit einfließt.

Den Erkenntnissen der Gehirnforschung zufolge verstärken sich multisensuell stimmige Produktinformationen gegenseitig. Das multisensuell harmonische Produkt ist in der Lage, sich stärker als ein nicht abgestimmtes Produkt in das Bewusstsein des Konsumenten einzuprägen. Damit eine Verpackung einen festen Platz im Langzeitgedächtnis erhält, darf sie nicht als flüchtig wahrgenommen werden. Sie muss einen hohen Erinnerungswert aufweisen. Nur so bleibt sie auch ohne konstante Präsenz im Langzeitgedächtnis haften.

Verankerung im Langzeitgedächtnis

Da ein solcher Erinnerungswert sowohl negativ als auch positiv sein kann, muss die Verpackung positive multisensuelle Erfahrungen ermöglichen. Der Kontext, in dem ein Produkt wahrgenommen wird, wirkt sich entscheidend auf die Qualität der Produktwahrnehmung aus.

Ausschlaggebend für die Produktbeurteilung ist also auch die Atmosphäre, in der eine Ware wahrgenommen wird. Ist die Raumluft in einem Laden mit negativ empfundenen Geruchs-

Atmosphäre und Produktbeurteilung

---

[11] Radikale Konstruktivisten wie von Glasersfeld, von Foerster oder Maturana sind der Ansicht, dass sich jedes Individuum seine Welt zurechtlegt. Das Subjekt ist Bauherr seiner Konstruktionen. Auch Schulze kommt mit seinen soziologischen Untersuchungen zu einer vergleichbaren Erkenntnis: Demnach entstehen Erlebnisse in einem singulären inneren Universum. Ein Ereignis wird erst durch seine Integration in einen schon vorhandenen subjektiven Kontext zu einem Erlebnis, wobei durch Reflexion das Erlebnis verarbeitet und im Innern des Subjekts verfestigt wird (Schulze 1995, S. 44–46).

stoffen belastet, führt dies zu einer dauerhaft negativen Assoziation sowohl mit dem Laden als auch mit den dort offerierten Markenprodukten. Die Produktkommunikationsbereitschaft zu diesen Marken ist dann stark gemindert. Ohne dass sich der Kunde dessen bewusst ist, wird er bei einem späteren Wiedererkennen der Produkte negative Assoziationen haben, ausschließlich ausgelöst durch eine negativ empfundene Geruchswahrnehmung. Umgekehrt kann eine als positiv empfundene olfaktorische Atmosphäre dauerhaft positive Assoziationen mit den entsprechenden Waren und dem Laden wecken, die teilweise über Jahrzehnte im Unterbewusstsein gespeichert bleiben.[12]

Abschließend ist aber auch auf die Tatsache hinzuweisen, dass Verbraucher ein multisensuell stimmiges Produkt und dessen Verpackung zwar als emotional wertvoller erleben als ein nicht abgestimmtes, doch wirken auf eine Kaufentscheidung eine Vielzahl weiterer wichtiger Faktoren ein, wie z. B. die Höhe des Preises oder die Notwendigkeit des Produktkaufs.

Disharmonisches Design schafft Präferenzen

Das Wissen bezüglich der Wirkung der multisensuellen Gestaltungsmittel auf Konsumentinnen und Konsumenten ist aber nicht nur wichtig, um eine multisensuell stimmige Verpackung zu generieren. Vielmehr können Gestaltungsmittel auch bewusst eliminiert oder modifiziert werden. Das Resultat ist dann ein leicht disharmonisches Design, das von bestimmten Konsumentengruppen präferiert werden kann, da es eine Spannung und damit Aufmerksamkeit erzeugt. Stimmigkeit kann sich auch aus scheinbar paradoxen Elementen generieren. Beim zuvor erwähnten Parfum „Gaultier[2] – The Love Code" dominiert z. B. die Farbe Schwarz auf der Verpackung – eine zunächst untypische Farbassoziation. Liebe kann aber auch als Geheimnis verstanden werden, als dunkle Seite einer Persönlichkeit. Oder gar als Fantasien in Lack und Leder. So gesehen passt die Farbe Schwarz für die Liebe. Stimmigkeit bedeutet also nicht

---

[12] vgl. von Kempski 2005, S. 35–39

zwangsläufig, dass alle Gestaltungsmittel schön, gut oder gar in romantischer Weise zueinander stehen. Selbst sich scheinbar widersprechende Gestaltungsmittel können in ihrer Gesamtheit als stimmig erachtet werden. Die Beurteilung hängt vom subjektiven Gefühl der Verbraucherin oder des Verbrauchers und insbesondere von der Verwendungssituation ab.[13]

Literatur

Böhme, Gernot: Atmosphäre. Neue Folge Band 92, Frankfurt am Main 1995.

Kempski, Diotima von: Olfactory Comfort Awareness (OCA) – A New Unit? In: Proceedings of the 10th International Conference on Indoor Air Quality and Climate. Indoor Air 2005, September 4–9, 2005, Beijing, China, 2005.

Kroeber-Riel, Werner: Bild Kommunikation. Imagerystrategien für die Werbung, München 1996.

Liebl, Franz: Der Schock des Neuen. Entstehung und Management von Issues und Trends, München 2000.

Schulze, Gerhard: Die Erlebnisgesellschaft. Kultursoziologie der Gegenwart, Frankfurt am Main, New York 1995.

Vaih-Baur, Christina: Multisensuelles Produktdesign: Über die Stimmigkeit der Gestaltungsmittel bei Marken, Stuttgart 2007.

Quellen

o. V.: Ikonen vergehen nie, http//: www.sebastian-ger.de/index.php?id= 6#link16, 08.11.2005

---

[13] vgl. Vaih-Baur 2007, S. 196–199

Kapitel 9
Smart Packaging – Intelligente Verpackungen im Supermarkt von morgen

Andrea Hennig und Sonja Kastner

Smart Packaging ist ein Schlagwort, das seit einigen Jahren durch die deutsche Verpackungsbranche geistert. Ob es sich hierbei um einen Hype oder um ein Phänomen handelt, das längst Realität geworden ist, soll in diesem Kapitel besprochen werden. Die dahinter stehende Technologie, ihre Anwendung und die mit Smart Packaging verbunden Chancen und Risiken werden dargestellt und erläutert.

Die Begriffe „Smart Packaging" und „Electronic Packaging" werden synonym verwendet. Man spricht auch von einer intelligenten bzw. kommunizierenden Verpackung. Diese mit Informationstechnologie ausgestatteten Produkthüllen enthalten Zusatzinformationen wie audiovisuelle Mitteilungen, Fälschungswarnungen oder Steuerungselemente. Intelligente Verpackungen sorgen dafür, dass Produkte immer kleiner werden. So werden Computerelemente verarbeitet, die dünn wie Papier sind. Hiermit ist es sogar möglich, das „Verhalten" der Verpackung – wie die Selbstkühlung – zu steuern. Bisher werden die elektronisch kommunizierenden Verpackungen hauptsächlich in den Bereichen Food, Pharma und Beauty eingesetzt.

Was heißt Smart Packaging?

1 Welche Technologien werden von den intelligenten Verpackungen genutzt?

Die drei Hauptfunktionen des Smart Packagings – in welcher Form und Technologie auch immer – sind die Identifizierung und Steuerung, die Optimierung der Lagerfähigkeit und der Ausbau der Schutzfunktionen der Verpackung. Diese werden mithilfe verschiedener neuartiger Technologien umgesetzt. Ziel der Entwicklungen ist die Erzeugung eines Mehrwerts, von dem Hersteller und Endverbraucher profitieren sollen.

RFID-Systeme

RFID auf Eintrittskarten und Personalausweisen

RFID-Systeme ermöglichen es, drahtlose und funkgesteuerte Gegenstände wie beispielsweise Produktverpackungen oder Paletten zu identifizieren oder zu lokalisieren. RFID-Systeme bestehen aus einem Transponder, auch Tag genannt, der sich am Objekt befindet, und einem Lesegerät, das in der Regel an weitere EDV-Systeme angeschlossen ist. Im Jahr 2006 kam diese Technik in Deutschland bei den Eintrittskarten der Fußballweltmeisterschaft zum Einsatz. Ziel war es, den Schwarzhandel mit Tickets durch Bindung der Karte an den Käufer zu reduzieren. Für November 2010 ist geplant, die amtlichen Personalausweise mit RFID-Chips auszustatten. Damit soll es möglich sein, sich nicht nur gegenüber Behörden auszuweisen, sondern auch im Internet einzukaufen und elektronische Briefe mit einer digitalen Unterschrift zu versehen.

Längst wird die RFID-Technik im Straßenverkehr für Mautsysteme oder Wegfahrsperren genutzt, aber auch für kontaktlose Chipkarten, die auf Skipässen angebracht sind. Weitere Einsatzbereiche liegen in der Logistik, hier wird Post oder Fluggepäck mit Tracking und Tracing verfolgt. Auf Paletten oder Kartons helfen die Tags beim Waren- und Bestandsmanagement, auf Kleidungsstücken oder Kosmetika dienen sie dem Echtheitsnachweis bzw. schützen vor Diebstahl.

Man unterscheidet aktive und passive RFID-Tags. Aktive Tags benötigen eine Energieversorgung, sprich Batterie, um Daten zu senden. Passive Tags beziehen die Energie vom Auslesegerät, dem sogenannten RFID-Reader. Da passive Tags wesentlich kostengünstiger in der Fertigung sind, liegt der Fokus der Verpackungsindustrie und der beteiligten Forschungsinstitute auf ihrer Weiterentwicklung.

Des Weiteren unterscheidet man RFID-Mikrochips nach ihrer Funktion in Read-Only bzw. Read/Write. Erstere können nur gelesen werden, Letztere sind sowohl lesbar als auch beschreibbar und in der Herstellung teurer als Read-Only-Mikrochips. Die METRO Group setzt RFID-Systeme im Handel auf Paletten ein, um die Lieferkette transparenter zu gestalten und Kosten zu sparen. Nach eigenen Angaben verfolgt die METRO Group mit dem Einsatz der RFID-Technologie das langfristige Ziel, die Potenziale der Systeme auch auf Kisten- und Artikelebene zu nutzen.[1]

Kosten von RFID

Damit die neue Technologie eine marktrelevante Zukunft hat, wird in der Forschung vornehmlich daran gearbeitet, die hohen Herstellungskosten zu minimieren. Im Jahr 2007 lagen zum Beispiel die Kosten für den billigsten RFID-Chip in der Massenfertigung noch bei circa 50 Cent, 2010 nur noch bei circa 10 bis 15 Cent. Für die Auszeichnung von einzelnen Artikeln sind die Kosten (noch) zu hoch. Investitionen stehen auch bei der Anschaffung von RFID-Readern für Hersteller und Handel an. Entwickler arbeiten an einem globalen Netzwerk für RFID-Anwendungen, damit sich der Einsatz der speziellen Computersysteme auf lange Sicht rentiert.

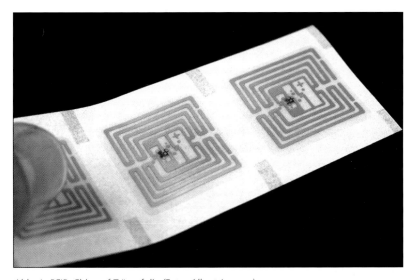

Abb. 1: RFID-Chip auf Trägerfolie (Foto: Albert Lozano)

---

[1] Erdmann/Hilty: Einfluss von RFID-Tags auf die Abfallentsorgung. Studie im Auftrag des Bundesumweltamts und der Eidgenössischen Materialprüfungs- und Forschungsanstalt EMPA, Dessau/St. Gallen, http://waste.informatik.hu-berlin.de/sak/bib/studie_rfid_umwelt_3845.pdf, 15.02.2010

Smart Labels Mit dem Aufbringen eines Smart Labels ist gesichert, dass Verpackungen nur einmal produziert werden. Bei Verlassen des Unternehmens wird die fertig verpackte Ware serialisiert, das heißt, das Objekt wird digitalisiert und in ein Computernetzwerk eingelesen. Während des Transports sendet das Smart Label gegebenenfalls Warnsignale an den Transporteur aus. Bei Anlieferung können die Daten, die das Smart Label enthält, problemlos in Lagerhaltungssysteme integriert werden. Die RFID-Tags ermöglichen so, den genauen Verbleib von Materialien von der Herstellung bis hin zur Lie-

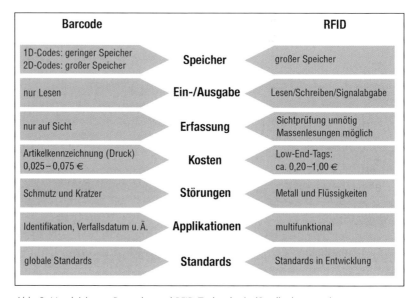

Abb. 2: Vergleich von Barcode- und RFID-Technologie (Quelle: barcotec)

Abb. 3: Identifizierung mittels Barcode und Auslesegerät (Foto: Anatoly Vartanov)

ferung genau zu dokumentieren. Vorstehende Abbildung zeigt die Vor- und Nachteile der RFID-Systeme gegenüber herkömmlichen Barcode-Systemen im Vergleich.

Organische und elektrisch leitfähige Kunststoffe

Japanischen und US-amerikanischen Forschern gelang es im Jahr 2000 erstmals, spezielle Kunststoffe aus mehreren aneinander geketteten Molekülen (Polymeren) zu identifizieren, die elektrischen Strom leiten können. So lassen sich auch Elektrobausteine flach und flexibel aus Kunststoffen herstellen. Organische Leuchtdioden für Bildschirme oder Leuchtanzeigen nutzen diese Technik. Die Forscher erhielten für ihre Entdeckung den Nobelpreis für Chemie.

Innovative Kunststoffe

Das Fraunhofer Institut für chemische Technologie entwickelte in Zusammenarbeit mit der Universität Stuttgart ein vereinfachtes Verfahren zur Herstellung leitfähiger Kunststoffe. Mithilfe magnetischer Felder werden metallische Fasern in Kunststoffgehäusen gezielt ausgerichtet. Hiermit hat sich eine weitere innovative Technologie der Datenübertragung im kostenorientierten Packaging etabliert.

Individuelle Energieversorgung

Die Fraunhofer-Gesellschaft hat mit den Dünnschichtbatterien eine neuartige Art der Batterie entwickelt, die auf Flüssigkeitselektrolyte und damit auch auf unflexible Metallhüllen verzichten kann. Die biegsamen Folienbatterien besitzen eine hohe Leistungsfähigkeit. Das israelische Unternehmen Power Paper fertigt Batterien, die mit circa 1 mm Dicke als Folienschicht überall befestigt werden können. So kann eine Verpackung mit Geräten ausgestattet werden, die die Temperatur von beispielsweise Blutkonserven automatisch überwachen. Auch selbst versorgende Energiequellen wie flexible Solarzellen sollen zukünftig dazu beitragen, Produkte oder mobile Geräte von anderen Energiequellen unabhängig zu machen.

Datenspeicherung, -übertragung und -ausgabe

Neuartige magnetische Speicherchips können bis zu 40.000 Mal effizienter als herkömmliche elektronische Chips Informationen darstellen und verarbeiten. Ferroelektrische Speicherchips haben als nichtflüchtige Speicher den Vorteil, dass Daten auch nach Abschalten der Versorgungsspannung erhalten bleiben.

Im Bereich der Datenübertragung ist Bluetooth ein internationaler und im Markt etablierter Standard, der einen bestimmten Frequenzbereich der Funkübertragung definiert. Bluetooth bildet dabei die Schnittstelle, die die Kabelverbindung zwischen zwei Geräten ersetzt. Die Unternehmen Ericsson, Nokia, IBM, Toshiba und Intel gründeten 1998 die Bluetooth Special Interest Group (SIG) zur Ausarbeitung dieses Standards.

Elektronisches Papier

Zukunftsweisende Standards in der Datenausgabe werden nicht selten in japanischen Supermärkten etabliert: Smarte Technologien wie elektronisches Papier wird dort am Point of Sale eingesetzt. Als elektronisches Papier bezeichnet man eine papierdünne Folie, deren Oberfläche sich durch Anlegen eines Stromkreislaufs verändert und so Bildpunkte oder auch Farben darstellen kann. Die Methode wurde am Media Lab des Massachusetts Institute of Technology (MIT) entwickelt. Mit den neuartigen Foliendisplays können veränderbare Bilder oder Texte mit einem geringen Energiebedarf präsentiert werden.

Nanotechnologie

Mehrwert durch Nano-Technologie

Unter Nanotechnologie versteht man den Einsatz von Materialien, die aus abgrenzbaren strukturellen Bestandteilen in der Größenordnung von 100 Nanometern oder weniger bestehen. Smart Packaging in Verbindung mit Nanotechnologie bedeutet besonders im Food-Bereich einen Mehrwert. Hersteller versprechen hier eine verbesserte Haltbarkeit von Lebensmitteln und weniger Abfall. Verpackungsfolien und PET-Flaschen mit synthetischen Nanokomponenten werden bereits im europäischen Markt angeboten. Nanomaterialien verbessern die Barriere-Eigenschaften gegen Gase, Wasserdampf, Aromastoffe sowie die mechanischen und thermischen Eigenschaften oder den UV-Schutz. Mit Nanotechnologie optimierten PET-Flaschen wird eine günstigere CO_2-Bilanz zugeschrieben: Bei Herstellung, Transport und Recycling verursacht die Nano-PET-Flasche rund ein Drittel weniger Treibhausgase als Aluminium und rund 60 Prozent weniger als die Glas-Einwegflasche. Damit liegt die Nano-PET-Flasche in puncto Nachhaltigkeit ähnlich gut wie die Glas-Mehrwegflasche.[2]

Mithilfe von Nanopartikeln, die in einem Tintenstrahl enthalten sind, lassen sich auch elektronische Schaltungen und Bauelemente als „elektronische Tinte" drucken. Man geht davon aus, dass innerhalb weniger Jahre die Entwicklung so weit vorangeschritten ist, dass auch Verpackungen von Low-Cost-Produkten mit diesen Techniken bedruckt werden.[3]

2 Exkurs: Das Internet der Dinge ist längst Realität geworden

Unter dem „Internet der Dinge" versteht man die elektronische Vernetzung von Gegenständen des Alltags, also auch von Produkten und ihren Verpackungen. Dahinter verbirgt sich die Vorstellung, dass Objekte mit intelligenten Informationsoberflächen ausgestattet sind, die es erlauben, mit ihrer Umwelt zu kommunizieren – freilich in höherem Maße, als dies bislang mit einem herkömmlichen Barcode möglich ist.

Das Medium Verpackung wird dabei in seinen Funktionen erweitert. Im Bereich Pharma entwickelte die Firma Vitality Inc. aus Boston/USA im Jahr 2007 die Vitality GlowCap, eine Medikamentenverpackung, die durch das Aktivieren der Batterie den Medikamentenbe-

Verpackungen können kommunizieren

---

[2] Innovations-Report: Schöner, frischer, gesünder: dank Nano-Verpackungen und Nano-Zusatzstoffen?, http://www.innovations-report.de/html/berichte/studien/schoener_frischer_gesuender_dank_nano_verpackungen_125955.html, 15.02.2010
[3] Umweltbundesamt: Nanotechnik für Mensch und Umwelt, http://www.umweltdaten.de/publikationen/fpdf-l/3765.pdf, 15.02.2010

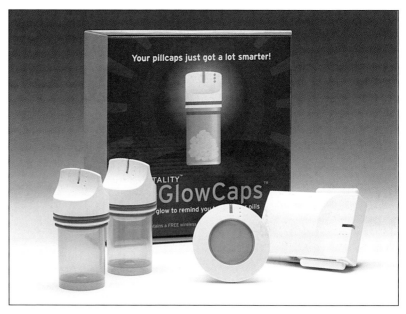

Abb. 4: GlowCap Connect Family-Set (Foto: Vitality, Inc.)

nutzer uhrzeitgenau an die Einnahme erinnert und dank Internetanbindung über PC oder Mobiltelefon ein monatliches Protokoll für den behandelnden Arzt erstellt. Selbst die Wiederbefüllung der GlowCap steuert die Verpackung durch Erinnerungsfunktionen wie Beleuchtung und Klingelton. Die Verpackung kommuniziert so in zwei Richtungen: zum Patienten und zum behandelnden Arzt.

Verpackung als mobile Spielekonsole

Im Bereich Food & Beverage mit den Zielgruppen Kinder und Jugendliche steht der digitale Unterhaltungswert der Verpackung im Mittelpunkt des Interesses. Die Informationen auf der Verpackung sollen die Realitätswahrnehmung computerunterstützt erweitern. Die im November 2009 in Frankreich auf den Markt gekommene Cerealienbox der Marke „Chocapic" von Nestlé France geht einen Schritt in diese Richtung. Auf den ersten Blick wirkt das Ganze eher wie ein Marketing-Experiment. Die über mehrere Kanäle konzipierte Anwendung zeigt jedoch die Möglichkeiten der Produkteinbindung in die Geschichte eines Spiels oder Spielfilms mit interaktivem Unterhaltungswert auf. Die Chocapic-Verpackung ist als mobile Spielekonsole konzipiert, in die ein Bewegungssensor eingearbeitet

Smart Packaging – Intelligente Verpackungen im Supermarkt von morgen

Abb. 5: Anwendungsdemonstration von Chocapic auf Youtube[4]

Abb. 6: Die Rückseite der Cerealienbox (Quelle: http://www.chocapic.com/fr/)

---

[4] Youtube: Ceci n'est pas un paquet de Chocapic. Expérience de Réalité augmentée par Dassault Systèmes, http://www.youtube.com/watch?v=p3QgigeSE1s, 15.02.2010

Abb. 7: Das passende Spiel zur Cerealienbox (Quelle: http://minimoys.3ds.com)

wurde. Über Handykamera, Website und Code auf der Packungsrückseite wird das relativ einfache Labyrinth-Spiel gestartet. Der Partner von Nestlé, Dessault Systèmes, entwickelte eine passende interaktive Webanwendung zum Spiel.

Fallbeispiel LEGO: Interaktion am POS
Ebenfalls auf eine technisch interessierte junge Zielgruppe zielt die Lego Digital Box ab, die zusammen mit dem in München ansässigen 3D-Software-Spezialisten Metaio im Jahr 2008 entworfen und bereits mehrfach mit Preisen ausgezeichnet wurde. Konstruktionsspielzeug kann von Kindern und Eltern in seiner Komplexität vor dem Kauf meist nur durch das Foto und die Altersangabe auf der Verpackung in Augenschein genommen werden. Die virtuelle Visualisierung, auch als erweiterte Realität wahrnehmbar, soll also die Aufgabe übernehmen, das Produkt direkt am Point of Sale interaktiv im dreidimensionalen Raum darzustellen.

Ein interaktiver Lego-Kiosk wurde in der Vorweihnachtszeit des Jahres 2008 in ausgewählten Lego-Stores und bei Handelspartnern aufgestellt. Die Kinder konnten bestimmte Boxen vor die Kiosk-Kamera halten und eine 3D-Animation des Spielzeugs wie beispielsweise ei-

Smart Packaging – Intelligente Verpackungen im Supermarkt von morgen

Abb. 8: Lego Digital Kiosk (Quelle: Metaio)

nes Hydraulikbaggers auf der Verpackung ansehen. Die Softwareanwendung besteht aus der virtuellen 3D-Animation, die sich auch hier in einem Live-Videobild mit der realen Verpackung visuell nahtlos verbunden hat.

Als weiteres Beispiel dienen die interaktiven Merchandising-Verpackungen des im Jahr 2009 erschienen Films „Avatar" von James Cameron. Die Verpackung ersetzt hier erstmalig den reellen Inhalt. Die vom Spielzeughersteller Mattel als iTag-Verpackung bezeichneten Profilkarten sind Spielschlüssel und Erzeuger der Filmcharaktere des 3D-Animationsspektakels. Die iTag-Verpackungen kamen noch vor dem Film in den USA auf den Markt. Die Plastikformen werden von ihren Nutzern vor eine Webcam gehalten, über die Website www.avataritag.com werden sie zu interaktiv steuerbaren Charakteren im filmähnlichen Avatar-Spiel.

Fallbeispiel Avatar: Verpackung mit virtuellem Inhalt

Abb. 9: iTags Packaging als Merchandising-Artikel in James Camerons Spielfilm „Avatar" (Quelle: Lisa Strom)

Vernetzung mit Anzeigen und Internet-Auftritt

Weitere ähnliche Anwendungen haben der Bierhersteller Bitburger und die kanadische Biermarke Molson Dry im Jahr 2008 als saisonale Verkaufsförderungsmaßnahmen gestartet. Über die Website www.music-in-a-bottle.de konnte man beispielsweise während des Aktionszeitraums der Rückseite einer Bierflasche mittels Barcode und Webcam individuelle Musikstücke entlocken. Anders angelegt, aber ebenso interaktiv: der spanische Launch der neuen Carlsberg-Bierflasche. Hier mutierte mittels Anzeigenmotiv und Webcam die alte Carlsberg-Flasche zur neuen. Ähnlich erfolgreich agierten auch Automobil-Printanzeigen mit 3D-Inhalten, wie die der Mini-Cabrio-Kampagne von BMW, die über 100.000 Besuche auf der Website generierte und 450.000 User das Youtube-Video schauen ließ.

Als Negativ-Beispiel soll hier die Verpackungsgestaltung der US-amerikanischen Chipsmarke „Doritos Late Night" dienen. Sie zeigte, wie schnell ein erhoffter Mehrwert einer interaktiven Chipsverpackung zu einem Imageschaden mutieren kann. Die im Jahr 2009 auf den Markt gekommene Marke war mit einer Verpackung ausgestattet, die es ermöglichte, mit einer Webcam und dem Code auf der

Abb. 10: Carlsberg-Anzeige (Quelle: http://www.carlsberg.es)

Rückseite der Verpackung animierte und filmische Inhalte anzuschauen, die nahtlos zur Echtzeit-3D-Animation verschmolzen. Wie von Geisterhand tauchen Rockmusiker aus der liegenden Tüte auf und legen eine Performance auf dem Computertisch oder in der aufgerissenen Tüte hin. Ähnlich wie bei Nestlé gehört es zur Marketingstrategie, dies via Youtube medienwirksam vor dem eigentlichen Release in Szene zu setzen.

Es stellte sich heraus, dass der virtuelle Zauber dieser Anwendung nicht länger als maximal drei Minuten unterhaltsam für die Zielgruppe war. Zum anderen zeigte sich, dass die reale Anwendung visuell tatsächlich nur halb so attraktiv war, wie das auf vorher auf Youtube platzierte Marketingvideo. In diversen Foren- und Community-Beiträgen häuften sich nach wenigen Wochen kritische Stimmen der Nutzer. Inwieweit die interaktive Verpackung nun ein messbarer Flop war, lässt sich noch nicht belegen. Festzuhalten ist nur, dass junge Erwachsene sicher schneller als frühstückende Kids von einer inhaltlich banalen Anwendung enttäuscht sein dürften.

Interaktive Verpackung mit falschen Versprechungen

3 Welchen Mehrwert kann Smart Packaging Markenherstellern bieten?

Für das Marketing erwartet man neue Impulse für Branding und Convenience, da diese Verpackungen dem Verbraucher vor allem die Anwendung von Produkten erleichtern können. Stephan Ruske von der im Bereich Smart Packaging aktiven Copaco-Gesellschaft für Verpackungen stellt fest, dass das Prinzip Smart Packaging an und für sich nicht neu sei, denn schon immer war es eines der Ziele von Verpackungsentwicklern, über Konstruktion oder andere Merkmale einer notwendigen Produkthülle einen praktischen Mehrwert zu verleihen.[5]

Vorteile der Smart Labels

Food und Pharma sind die Vorreiter im Einsatz von Smart Packaging, hier liegt der Nutzen klar auf der Hand: RFID-Technologie kann die Fälschungssicherheit, Identifizierbarkeit und Rückverfolgbarkeit der Produkte steigern, automatisch den Preis dem Frischezustand einer Ware anpassen oder Anwendungshinweise für Medikamente speichern und damit die Therapiesicherheit steigern. Die Smart Labels können genutzt werden, um Geschäftsmodelle effizienter und die Produkte für den Verbraucher sicherer zu gestalten. Die folgende Abbildung gibt einen Überblick über die heutigen und zukünftigen Herausforderungen im Smart Packaging.

Zusammenfassend muss festgestellt werden, dass die Bandbreite neuer möglicher Funktionen mit tatsächlichem Mehrwert für den Kunden noch nicht ausgereizt ist. Ein Grund dafür ist, dass Marketing-Konzepte die neuen Technologien noch nicht hinreichend in ihren Geschäftsmodellen berücksichtigen. Dies ist sicher auch darauf zurückzuführen, dass Studien, die den Nutzen von intelligenten Verpackungen für das Brand Packaging belegen, noch nicht in ausreichendem Umfang vorliegen.

---

[5] Neue Verpackung 2007, S. 48

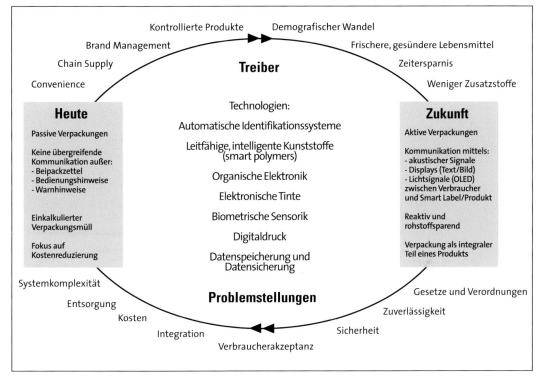

Abb. 11: Smart-Packaging-Dimensionen (modifiziert nach Butler 2008, S. 237)

4 Smarte Labels gegen Produkt- und Markenpiraterie

Angesicht hoher finanzieller Verluste und massiver Imageschäden durch Produkt- und Markenpiraterie spielen Fälschungssicherheit und lückenlose Kontrolle der Warenkette für viele Unternehmen eine zunehmende Rolle. Nachdem das Europäische Parlament im Jahr 2006 eine Resolution zur Bekämpfung von Arzneimittelfälschungen in Kraft setzte, wird besonders in Pharmaunternehmen ein Handlungsdruck wahrgenommen. Neben Pharmaherstellern werden Bekleidungs- und Kosmetik-Unternehmen und zunehmend auch Hersteller von Nahrungsmitteln und Getränken von den Produktfälschern geschädigt. Für Deutschland schätzt das Bundesministerium der Justiz (BMJ) den jährlich entstehenden volkswirtschaftlichen

Schutz vor Fälschungen

Schaden auf 25 Milliarden Euro, der Arbeitskreis gegen Produkt- und Markenpiraterie (APM) gar auf 29 Milliarden Euro ein.[6]

Eindeutige Kennzeichnung

Trotz hoher Betroffenheit nehmen die Hersteller und Handelsunternehmen bislang nur selten eine systematische Bewertung der durch Produkt- und Markenpiraterie entstandenen Einbußen vor. Zwar sind strategische Entscheidungen zum Markenschutz meist Chefsache, für deren Umsetzung sind aber oft nur einzelne Unternehmensbereiche wie die Rechtsabteilungen zuständig, die mit Einzelmaßnahmen Schäden einzudämmen versuchen. Oft sind diese Maßnahmen nur ungenügend in den Herstellungsabläufen verankert und können so nicht systematisch greifen. Für einen echten Schutz vor Plagiaten und Fälschungen müssen noch wirkungsvolle Gesamtkonzepte erstellt werden. Wer es den Fälschern wirklich schwer machen möchte, dem wird empfohlen, die gesamte Wertschöpfungskette einschließlich des Vertriebs im Blick zu behalten, so lautet das Fazit einer Studie über Produkt- und Markenpiraterie, die vom Markenverband in Kooperation mit der Unternehmensberatung Ernst & Young durchgeführt wurde.[7] Eine Studie der Universität Darmstadt zeigt auf, wie Smarte Labels helfen können, Produkte und ihre Verpackungen unsichtbar und maschinengestützt zu kennzeichnen. Die intelligenten Verpackungen können zum Beispiel mit digitalen Wasserzeichen, 2D- oder 3D-Barcodes oder RFID-Tags ausgestattet und so von autorisierten Händlern eindeutig identifiziert werden. Auch Produktnummern eignen sich als Originalitätskennzeichnungen. Der Hersteller kann mithilfe sogenannter Auto-ID-Systeme seine Produkte auf den Vertriebswegen bis zum Verkauf an den Endkunden verfolgen. Händlern und vom Hersteller berechtigten Personen ermöglichen diese Systeme, die Herkunft und Echtheit von Produkten und ihren Verpackungen festzustellen.[8]

---

[6] Hochschule Darmstadt: Probleme der Rechtsdurchsetzung des Urheber-, Marken-, und Patentrechts in China und deren Auswirkungen auf die Marktstrategie deutscher Unternehmen, http://www.h-da.de/fileadmin/documents/Medien/Produkt-und_Markenpira terie_Studie.Hochschule.Darmstadt.pdf, 15.02.2010

[7] Markenverband: Produkt- und Markenpiraterie verursachen Schäden von 35 Milliarden Euro, http://www.markenverband.de/presse/pm/gemeinsame-pressemitteilung-mar kenverband-u.-ernst-young-zur-produkt-u.-markenpiraterie, 15.02.2010

[8] Hochschule Darmstadt: Probleme der Rechtsdurchsetzung des Urheber-, Marken-, und Patentrechts in China und deren Auswirkungen auf die Marktstrategie deutscher Unternehmen, http://www.h-da.de/fileadmin/documents/Medien/Produkt-und_Markenpira terie_Studie.Hochschule.Darmstadt.pdf, 15.02.2010

5 Risiken der Smarten Labels

Bringt die Nanotechnologie großen Nutzen im Einsparen und Reinhalten von Rohstoffen, birgt sie beim Einsatz im Lebensmittelbereich unabsehbare Risiken für den Verbraucher. Was passiert zum Beispiel, wenn elektronische Tinte in die Nahrungskette gelangt? Was, wenn Kinder Mikrochips und Kunststoffe mit umstrukturierten, beweglichen Molekülketten verschlucken? Wie lassen sich selbstkühlende Getränkedosen entsorgen? Ist es ein Segen oder ein Risiko, wenn Self-Heating Food zukünftig im Supermarkt um die Ecke erhältlich ist? Auf diese Fragen haben Wissenschaftler bislang keine befriedigenden Antworten gefunden.

Wie Smarte Labels entsorgen?

Eine Studie des Umweltbundesamts macht auf die Problematik der Entsorgung von RFID-Tags aufmerksam.[9] Experten gehen davon aus, dass die Stückzahlen sich bis zum Jahr 2022 um das 250-fache vervielfachen werden. Vor diesem Hintergrund wurden die Auswirkungen des massenhaften Einsatzes der Tags auf die Umwelt und Abfallentsorgung untersucht. Im Recyclingprozess von Konsumgütern und -verpackungen können RFID-Tags Verunreinigungen des Materials bewirken. Eine Empfehlung der Studie lautet deshalb, die Recyclingprozesse so anzupassen, dass die RFID-Tags besser identifiziert und separiert werden können. Je nach Wiederverwertung der unterschiedlichen Trägermaterialien sind verschiedene Maßnahmen auszuwählen und zu kombinieren. Die Studie stellt weiter fest, dass dies nur in einem verpflichtenden Dialog von Herstellern, Anwendern und Entwicklern überprüft werden kann.

Die drahtlose Datenübertragung mit RFID wird nicht erst seit Einführung der Mauterfassung auf bundesdeutschen Autobahnen kontrovers diskutiert. Ungeklärt sind hier zum Beispiel die Langzeitwirkungen der elektromagnetischen Wellen/Felder auf Mensch und Umwelt. Vor allem aber werden Gefahren im Bereich der informatio-

---

[9] Erdmann/Hilty: Einfluss von RFID-Tags auf die Abfallentsorgung. Studie im Auftrag des Bundesumweltamts und der Eidgenössischen Materialprüfungs- und Forschungsanstalt EMPA, Dessau/St. Gallen, http://waste.informatik.hu-berlin.de/sak/bib/studie_rfid_umwelt_3845.pdf, 15.02.2010

Bedrohung durch Big Brother? nellen Selbstbestimmung und der Privatsphäre von Verbrauchern gesehen. Datenschützer befürchten, die Smarten Labels auf Kundenkarten oder Verpackungsetiketten könnten Informationen preisgeben, die von den Kunden nicht bemerkt werden und auf die kein Einfluss genommen werden kann. Nachdem der Metro-Konzern beispielsweise im Jahr 2003 einen Teil seiner Kundenkarten mit RFID-Chips ausgestattet hat, ohne seine Kunden darauf hinzuweisen, wurde das Unternehmen mit der Negativ-Auszeichnung „Big Brother Award" des Vereins zur Förderung des öffentlichen bewegten und unbewegten Datenverkehrs e.V. ausgezeichnet. Im Jahr 2007 erhielt diesen Preis die Deutsche Bahn AG, die – ohne die Kunden zu informieren – die BahnCard 100 mit RFID-Tags ausstattete. Längst kursieren in einschlägigen Foren oder Weblogs Ratschläge für Menschen, die sich gegen unberechtigtes Auslesen von Daten wehren wollen: Wenn zum Beispiel der Reisepass „aus Versehen" in die Mikrowelle gerät, so ist der RFID-Chip kaputt – der Pass bleibt trotzdem weiterhin gültig.[10]

Literatur

Butler, Paul: Consumer Benefits and Convenience Aspects of Smart Packaging, in: Butler, Paul/Joseph Kerry (Hg.): Smart Packaging Technologies for Fast Moving Consumer Goods. The Atrium, Southern Gate, Chichester, 2008, S. 233–246.

Neue Verpackung: Mehrwert statt Spielerei, in: Neue Verpackung, 08/2007, S. 48–49.

Reiner, Thomas/Waldau, Christoph: Die intelligente Verpackung, in: Neue Verpackung, 01/2003, S. 24–26.

---

[10] Mikrocontroller Net: RFID-Reisepass wie schützen? Oder doch ab in die Mikrowelle?, http://www.mikrocontroller.net/topic/121451, 15.02.2010

Quellen

Erdmann, Lorenz/Hilty, Lorenz: Einfluss von RFID-Tags auf die Abfallentsorgung. Studie im Auftrag des Bundesumweltamts und der Eidgenössischen Materialprüfungs- und Forschungsanstalt EMPA, Dessau/St. Gallen, http://waste.informatik.hu-berlin.de/sak/bib/studie_rfid_umwelt_3845.pdf, 15.02.2010

Hochschule Darmstadt: Probleme der Rechtsdurchsetzung des Urheber-, Marken-, und Patentrechts in China und deren Auswirkungen auf die Marktstrategie deutscher Unternehmen, http://www.h-da.de/fileadmin/documents/Medien/Produkt-und_Markenpiraterie__Studie.Hochschule.Darmstadt.pdf, 15.02.2010

Innovations-Report: Schöner, frischer, gesünder: dank Nano-Verpackungen und Nano-Zusatzstoffen?, http://www.innovations-report.de/html/berichte/studien/schoener_frischer_gesuender_dank_nano_verpackungen_125955.html, 15.02.2010

Markenverband: Produkt- und Markenpiraterie verursachen Schäden von 35 Milliarden Euro, http://www.markenverband.de/presse/pm/gemeinsame-pressemitteilung-markenverband-u.-ernst-young-zur-produkt-u.-markenpiraterie, 15.02.2010

Mikrocontroller Net: RFID-Reisepass wie schützen? Oder doch ab in die Mikrowelle?, http://www.mikrocontroller.net/topic/121451, 15.02.2010

Umweltbundesamt: Nanotechnik für Mensch und Umwelt, http://www.umweltdaten.de/publikationen/fpdf-l/3765.pdf, 15.02.2010

Kapitel 10
Die Kraft des Materials – Innovationspotenziale nutzen

Andrea Hennig und Christoph Jung

Alles, was wir sehen, anfassen, auspacken, erhält durch Material seine Form. Das Material wird vom Verbraucher allerdings oft unbewusst wahrgenommen. Wer kann schon sagen, wie die Produkte seines Alltags beim Kauf verpackt waren? Dabei sind es doch die Materialien, die in der Verarbeitung die Produktivität erhöhen können, in der Distribution Sicherheit garantieren und am Point of Sale in hohem Maße zum Verkauf der Produkte beitragen. Gutes Design hängt maßgeblich von der Wahl des Materials ab. Industrie- und Verpackungsdesign haben sich in Zeiten von Ressourcenknappheit und computergesteuerter Technologie zu dynamischen Tätigkeitsfeldern entwickelt. Lag in den letzten Jahren der Fokus auf der Produktindividualisierung durch außergewöhnliche Materialien und Formgebungen, stehen nun Innovationen im Mittelpunkt des Interesses, die nach den Kriterien Effizienz, Angemessenheit und Umweltverträglichkeit bewertet werden. Die klassischen Verpackungsmaterialien werden dabei auch zukünftig um uns sein: Glas, Polymere, Keramik, Holz, Papier, Kartonagen und vieles mehr. Die Verpackung muss sich den Ansprüchen des Marktes an Verbraucherfreundlichkeit, Nachhaltigkeit, Transparenz, Flexibilität, Originalität und Intelligenz stellen. Die Synergie aus sensibler Materialwahl und intelligentem Design ist oft nur als erfolgreich zu bezeichnen, wenn sie aus der Konzeption in die Produktion hinein wirken kann. Kenntnisse über Materialeigenschaften, Verfügbarkeit und Anwendungsverhalten der Materialien sind dabei für Designer wie für Produktmanager mehr denn je von Bedeutung.

Synergien von Material und Design

Andrea Hennig und Christoph Jung

1 Auswahlkriterien für Verpackungsmaterial

Welches Material wählen?

Die Entscheidung für oder gegen ein bestimmtes Material wird oft vom Produktmanager oder Designer getroffen; im Idealfall stimmen sich jedoch Hersteller, Designer und Produktmanager gemeinsam ab.

Vier grundlegende Faktoren sind bei der Materialauswahl zu beachten:

1. Marketingorientierte Kriterien

Die vom Verbraucher gewünschte Sichtbarkeit eines Produktes, die Berücksichtigung spezifischer Gewohnheiten, die Größe und Produktverwendung betreffen können, die Wertigkeit und Sicherheit einer Verpackung.

2. Produktorientierte Kriterien

Verwendung, Größe und Dosierbarkeit, Aspekte der Produktssicherheit: Schutz-, Frischhalte- und hygienische Funktionen, wie auch das Öffnen und Verschließen, die Transportsicherheit und Stabilität der Verpackung.

3. Herstellungsorientierte Kriterien

Wie steht es mit der Verfügbarkeit des Rohstoffes, den Möglichkeiten von Einsparungen während der Herstellung? Können alle wesentlichen Funktionen wie das Befüllen, das Sterilisieren, das Versiegeln, das Kontrollieren von Gewicht und Qualität erfüllt werden? Ist die gewünschte Ausstattung auf dem Material praktikabel? Erfüllt die Verpackungsgestaltung betriebliche Anforderungen wie Planungssicherheit, Kosteneffizienz, Transportfähigkeit und Kontrollfähigkeit, ermöglicht sie eine Platz sparende Lagerung?

4. Umweltorientierte Kriterien

Ein weiteres Argument zur Kaufentscheidung betrifft die umweltgerechte Gestaltung einer Verpackung: Umweltverträglichkeit, die

Abb. 1: Zusammenspiel der Auswahlkriterien (Quelle: Eigene Darstellung)

Zweckmäßigkeit sowie die rückstandslose Entsorgung bzw. Wiederverwertbarkeit einer Verpackung.

Im Vorfeld der Gestaltung sollten die Vor- und Nachteile eines Materials sorgfältig bedacht werden. Abbildung 1 veranschaulicht, dass alle vier Gruppen von Kriterien ineinander greifen.

Vor- und Nachteile analysieren

Die gestalterische Formgebung der Verpackung hängt zum einen maßgeblich von den zur Verfügung stehenden Materialien ab, zum anderen von der Wahl der Ausstattungstechniken, die zur Bedruckung einer Verpackungsoberfläche eingesetzt werden.

2 Verpackungsmaterialien in der Übersicht

Glas

Glas ist in Deutschland das klassische Verpackungsmaterial für Getränke und hat auch einen konstant hohen Anteil an Lebensmittelverpackungen. In den letzten 50 Jahren hat die Leichtglastechnologie eine Gewichtsreduktion von bis zu 50 Prozent ermöglicht. Neben

Positive Aspekte von Glasverpackungen

einer Reduktion im Bereich des Materials hat dies auch zu Einsparungen im Herstellungsprozess und im Transport geführt. Trotz tendenziell sinkender Verbrauchszahlen bleibt Glas ein wichtiger Packstoff. Die Vorteile liegen in seinen Produkteigenschaften, speziell in der Dichtigkeit, in der Neutralität und der Hitzebeständigkeit. Glas ist uneingeschränkt für alle Füllstoffe und optimal in Mehrwegsystemen einsetzbar. Glas besitzt eine absolute Materialverträglichkeit und gewährleistet durch seine Diffusionsdichtigkeit eine hohe Produktsicherheit. Glasbehälter werden vom deutschen Verbraucher als besonders sicher, hygienisch, geschmacksneutral und umweltverträglich angesehen. Die Produktgröße wird maßgeblich über die Farbe des Packstoffs empfunden: Generell wird braunes und grünes Glas als schwer und stabil empfunden, weißes bzw. klares als leicht und eher zerbrechlich. Laut einer europäischen Glasverpackungs-Studie aus dem Jahr 2009 wird die Anmutungsleistung von Glas von den deutschen Verbrauchern als klar, ästhetisch, schutzbedürftig, hygienisch, sicher und attraktiv bis edel gewertet[1]. Gute Veredelungsmöglichkeiten stellen Glasprägeverfahren und Glasfrostungen dar. Die Herstellungsverfahren können in Blas-Blas- und Press-Blas-Verfahren unterschieden werden. Das Press-Blas-Verfahren ist besonders für Behältnisse mit weiter Öffnung geeignet, das Blas-Blas-Verfahren vor allem zur Herstellung von Flaschen mit schlankem Hals. Eine große Herausforderung liegt in der eingeschränkten Farbgebung des Materials in Weiß-, Braun- und Grünglas, seit einigen Jahren auch Blau- und Rotglas. Das mittlerweile bei Sekt gebräuchliche Blauglas entsteht durch das Hinzufügen bestimmter Oxide und wird derzeit über Grünglas entsorgt. Glasfarben aus Oxiden beeinträchtigen erheblich die Wiederverwertung.

Glas als Packmittel ist erwiesenermaßen eine umweltfreundliche Verpackung. Zur Sicherung und zum Ausbau des Mehrwegsystems müssen Glasflaschen wettbewerbsfähig und attraktiv bleiben, dazu sind technologische Verbesserungen notwendig: Bessere Verschluss-Systeme, ablösbare intelligente Etiketten und optimierte Flaschenformen sind als Trends bei Glasflaschen zu beobachten.

---

[1] Feve: Consumer Preference & Packaging in Europe; European Study, http://*www.feve. org/.../FEVE_Packaging_Press%20conference_COUNTRIES_V1.ppt*, 26.02.2010

Abb. 2: Nicht geschlossene Sekundärverpackung aus Karton (Foto: Walther Appelt)

Papier und Karton

Auf Papierbasis hergestelltes Verpackungsmaterial ist insofern umweltgerecht, da es aus erneuerbaren Ressourcen erzeugt wird. Als problematisch sind jedoch die Verbrauchszahlen zu betrachten: Jeder Deutsche verbraucht im Durchschnitt 230 Kilogramm Papier pro Jahr, dieser Wert ist seit mehreren Jahren konstant. Zum einen kann der Papierverbrauch insgesamt reduziert werden, zum anderen werden auch vermehrt Recyclingpapiere verwendet. Zum Einsatz kommen auch nach dem Standard des FSC (Forest Stewardship Council) zertifizierte Papiersorten[2], die auch Frischfasern aus nachhaltiger Waldwirtschaft enthalten.

Problematisch: Hoher Verbrauch

Papierverpackungen sind oft nur beschränkt in der Lage, das Produkt zu schützen. Oft müssen Oberflächenveredelungen aus Wachs

---

[2] Der FSC (Forest Stewardship Council) ist eine nichtstaatliche, gemeinnützige Organisation mit Sitz in Mexiko, die sich für eine umweltgerechte, sozialverträgliche und ökonomisch tragfähige Nutzung der Wälder einsetzt. Die Organisation wird global von Verbänden, Gewerkschaften und Unternehmen aus der Forst- und Holzwirtschaft unterstützt. Seit der Gründung wurden bereits über 85 Millionen Hektar Wald nach den Regeln des FSC zertifiziert.

oder Laminierungen aus Kunststoff- oder Aluminiumfolien diese Produkteigenschaften ersetzen. Diese Verfahren setzen allerdings die Wiederverwertbarkeit des Materials herab. Aus Vollpappe werden hauptsächlich Faltkartons hergestellt, die sehr individuell ausgeformt werden können. Die heutigen technischen Voraussetzungen, allen voran die individuelle Computeransteuerung und Werkzeugjustierung, erlauben eine schnelle Bemusterung, die Entwicklungsprozesse im Design wesentlich vereinfacht. Nicht faltbare Kartons beanspruchen viel Platz und werden deshalb meist für hochwertige Produkte oder Spiele eingesetzt.

Eingeschränkte Formgebung von Papier und Kartonagen

Ganz wesentlich bei der Formentwicklung von Kartonagen ist die Frage nach der Befüllung und dem Nutzerverhalten. Die angenehme haptische Anmutung von festen Kartonagen mit Oberflächenveredelung und die lange Verpackungstradition bestimmen die überwiegend positive Einstellung der Verbraucher zu diesem Packstoff. Die emotionale Wirkung hängt dabei wesentlich von der druck- und ausstattungstechnischen Ausgestaltung ab. Einfache Papier- und Wellpappeverpackungen ohne Oberflächenveredelung wirken schnell billig, dünn und trennend, vor allem bei geschlossenen Verpackungen. Hier werden oft die positiven Umweltaspekte, die in aktuellen Umfragewerten diesem Packstoff zugeordnet werden, gegenüber den Verwendern kommuniziert.[3]

Wellpappe zeichnet sich durch eine relativ hohe Stabilität und Stoßfestigkeit aus. Sie nimmt eine Sonderrolle unter den Verpackungen auf Papierbasis ein, da man sie mittlerweile auch als Transportverpackung von Großgütern einsetzt. Man unterscheidet Mikro-, Fein-, Mittel- und Grobwelle, wobei die Wellenhöhe und die Anzahl der Wellenlagen und Zwischendecken die Materialeigenschaften maßgeblich bestimmen. Größere Wellen sorgen für mehr Stabilität und eine bessere Polsterung. Wellpappe kann Kunststoff- und Holzverpackungen in vielen Bereichen ersetzen und durch ihre Leichtigkeit enorme Energieeinsparungen bringen.

---

[3] Feve: Consumer Preference & Packaging in Europe, http://www.feve.org/.../FEVE_Packaging_Press%20conference_COUNTRIES_V1.ppt, 26.02.2010

Metalle

Seit über 130 Jahren dienen Metallverpackungen der Konservierung. Für die Herstellung von Kanistern, Fässern, Metalldosen und -tuben kommen Edelstahl-, Feinst[4]- und Aluminiumbleche zum Einsatz. In Metallverpackungen sind meist chemische Produkte, Mineralölprodukte, Nahrungs- und Genussmittel sowie Getränke, technische sowie pharmazeutische Produkte und Beautyprodukte zu finden. Drehverschlüsse und Kronkorken werden aus Feinstblech gefertigt. Getränkedosen zeichnen sich durch geringes Gewicht, hohe Stoßfestigkeit und gute Lagereigenschaften aus. Bleche lassen sich gut bedrucken, formen und prägen. Sie eignen sich durch ihre plastische Formgebung auch für Sonderverpackungen für Nahrungs- und Genussmittel sowie für Schmuck, Kosmetika, Parfums und Elektronikartikel.

Metallverpackungen lange haltbar und einfach zu lagern

Für Verbraucher stehen die lange Haltbarkeit und einfache Lagerung bei der Bewertung von Metallverpackungen in Vordergrund. Metallverpackungen können aber – vor allem in Bezug auf Nahrungsmittel – auch negative Anmutungen erzeugen. Getränke und Lebensmittelkonserven in Weißblech- oder Aluminiumdosen werden oft mit Billigproduktstrategien und einer „gedankenlosen Wegwerfmentalität" assoziiert. Eine Renaissance erleben dagegen Metalltuben als nostalgische Verpackungen bei Premium-Beautyprodukten.

Billig-Anmutung von Metallverpackungen

In den letzten Jahren konnten sich die halbstarren und flexiblen Metallfolienverpackungen mehr und mehr auf dem Getränkemarkt durchsetzen. Die gute Wärmeleitfähigkeit der Aluminiumfolie ist besonders für Convenience-Produkte von Vorteil. Meist sind flexible Laminate aus Aluminium- und Kunststofffolien im Einsatz, deren Vorteile in ihrem geringen Gewicht, einer Materialdicke von minimal nur 0,01 mm, hoher Reißfestigkeit und einer positiven Anmutung beim Verbraucher liegen. Sie werden als modern, hygienisch, sicher und angemessen bewertet.

Feinstblech- oder Aluminiumfässer kommen als Getränkeverpackungen unterschiedliche Funktionen zu. Sie können entweder in

---

[4] Feinstblech, auch Weißblech genannt

den Produktions- oder Reifungsprozess eines Getränks integriert sein oder zum Transport und Ausschank dienen. Durch die verbesserten Materialeigenschaften von Edelstahlblechen können sich diese immer besser gegen Plastik- und Holzfässer durchsetzen. Längst nehmen Feinstblechverpackungen auch über den Nutzwert hinausgehende Funktionen im Marketing wahr, die schlanken Kolbenkartuschen für Parfums oder die Premium Pflegemittelserie der Audi AG können hier beispielhaft genannt werden. Bei Getränkedosen geht der Trend eindeutig zu individueller Formgebung, zu fühlbaren Logoprägungen und Strukturoberflächen, besseren Verschlüssen und weiteren Materialeinsparungen.

Gewichtsreduktion ist im Bereich der Metallverpackungen ein wesentlicher Trend. Im Future-Symposium des Feinstblechherstellers Rasselstein (Thyssen Krupp) im Mai 2009 war die Blechdickenreduzierung wichtigstes Thema der Agenda.[5] Zwischen Wirtschaft und Forschung herrscht Konsens darüber, dass das Material effizienter eingesetzt werden sollte. Als Gründe hierfür werden Kostenvorteile, Gewichtsverminderung, Senkung der Umweltbelastungen und eine Reduktion des weltweiten Rohstoffverbrauchs genannt. In den vergangenen zehn Jahren konnte eine zehn- bis zwanzigprozentige Reduzierung der Materialdicke erreicht werden.

Neuartige Metallfolien — Metallfolien-Einwegbeutel gelten schon jetzt aufgrund der guten Verhältnismäßigkeit von Herstellungs- und Versorgungsaufwand zum Inhalt als ökologisch vorteilhaft. Auch beim Einsatz dieser Verpackung werden in Zukunft starke Impulse für die Branche erwartet.

Kunststoffe

Kunststoff bietet von allen Packstoffen die größte Vielfalt an Materialien und Verarbeitungsverfahren. Flaschen, Tuben, Beutel und sonstige Behältnisse können aus den unterschiedlichsten Kunststoffarten hergestellt werden. Dieser Packstoff erlebte in letzter Zeit die größten Materialinnovationen. Völlig neue Kunststoffe und Ver-

---

[5] Rasselstein: Future-Symposium 2009 in Andernach/Rhein, http://www.rasselstein.com/fileadmin/pdf/presse/Future_Symposium_deutsch.pdf, 26.02.2010

bundkunststoffe haben Fortschritte in Richtung Verbraucherfreundlichkeit gebracht, aber auch in Richtung Entsorgung und Wiederverwertung.

PET (Polyethylenterephthalat)

PET ist der in der Getränkebranche und für Lebensmittelfertigprodukte der am häufigsten verwendete Kunststoff. Wie alle Kunststoffe sind die Materialeigenschaften wie Formbarkeit, Härte, Elastizität, Bruchfestigkeit, Temperaturbeständigkeit und chemische Beständigkeit auch bei PET ausschlaggebend für seine in Deutschland weiter steigende Verwendung. Neuerungen bei PET erschließen immer weitere Einsatzmöglichkeiten. So konnten mittlerweile Geschmacksbeeinträchtigungen durch Additive, insbesondere die Gruppe der Weichmacher, durch Innenbeschichtungen ausgeschlossen werden. Die neuartigen Beschichtungen haben Barrierefunktionen, die eine chemische Reaktion von Sauerstoff mit dem Abfüllstoff und das Entweichen von Kohlensäure verhindern sollen. Nach einem Hintergrundpapier des TAB (Büro für Technikfolgen-Abschätzung beim Deutschen Bundestag) aus dem Jahr 2004 liegen in der Weiterentwicklung von sicheren Barriereschichten das größte Potenzial und auch die größte Notwendigkeit bei der Produktion von PET-Verpackungen.[6] Der Weichmacherskandal aus dem Jahr 2006, bei dem u. a. Verpackungen von Babynahrung als gesundheitsschädlich eingestuft wurden, ließ diese Einschätzung gerade im Bereich der Heißabfüllungen als unabwendbar zur Rückgewinnung des Verbrauchervertrauens in PET erscheinen. PET und viele seiner Additive sind nur bedingt hitzebeständig und gehen oft unbeabsichtigt Verbindungen mit Füllungen ein oder lösen sich bei Mundkontakt an Verschlüssen ab. Die Medizintechnik hat deshalb von weichmacherhaltigen Kunststoffen auf sichere Silikonprodukte umgestellt.

Risiken beim Einsatz von PET

PEN (Polyethylennaphthalat)

Einen Schritt in Richtung Funktionsverbesserung von PET in Bezug auf Hitzbeständigkeit, UV-Abweisung und Sperreigenschaften stellt

---

[6] vgl. Oertel/Petermann/Scherz: Technologische Trends bei Getränkeverpackungen und ihre Relevanz für Ressourcenschonung und Kreislaufwirtschaft, http://www.tab.fzk.de/de/projekt/zusammenfassung/hp9.pdf, 26.02.2010

Abb. 3: PET-Trinkflasche mit Push-Pull-Sportverschluss (Foto: Walther Appelt)

die Entwicklung von PEN dar. Der Rohstoffpreis liegt allerdings dreimal höher als bei herkömmlichem PET, ein Grund für die schleppende Umstellung in der Verpackungsbranche.

PS (Polystyrene)

Ein kristallklarer Kunststoff, der verstärkt als Tiegelverpackung von Beautyprodukten, als CD-Hülle und als Einwegbecher eingesetzt wird. Er ist spröde und bricht leicht; eine flexiblere, aber auch weniger klar anmutende Variante stellt **HI PS** dar.

Polyolefine

Große Marktanteile von PE und PP

Eine Sammelbezeichnung für verschiedene Kunststoffarten, die durch Polymerisation von Ethylen und Propen entstehen. Die zwei wichtigsten Kunststoffarten dieser Gruppe, **PE** (Polyethylen) und **PP** (Polypropylen), machten in den vergangenen Jahren in Deutschland bis zu einem Marktanteil von 50 Prozent aus. PP ist ein besonders harter Kunststoff und dient der Herstellung von Verschlüssen und Behältnissen, die immer wieder geöffnet und verschlossen werden müssen. Ein weiterer Vorteil liegt in seiner Hitzebeständigkeit, weswegen er auch für medizinisch-pharmazeutische Verpackungen infrage kommt. PE ist wohl einer der vielseitigsten thermoplastischen

Kunststoffe. HD PE als feste Polyethylenvariante ist die meistverwendete Kunststoffart für wiederverschließbare Beautyverpackungen, Garten- und Haushaltschemikalien sowie Schmier- und Reinigungsmittel für Automobile. Die Kunststoffbehälter sind ursprünglich milchig weiß, können jedoch beliebig eingefärbt werden. LD PE ist weicher als HD PE und eignet sich vor allem für sogenannte Squeeze-Verpackungen (wie z. B. Ketchupflaschen). Er ist nur bedingt alterungsbeständig, da er bei größerer Dichte, wie an Verschlüssen, schnell spröde wird und brechen kann. Bei der Gruppe der Polyolefine wird aktuell versucht, Produkteigenschaften wie Zähigkeit, Festigkeit, Reinheit und Hitzebeständigkeit durch ultradünne Metallbeschichtungen zu verbessern. Im Jahr 2008 wurden transparente, steife und hochreine Polyolefine speziell für Push-Pull-Trinkverschlüsse und Tuben vorgestellt. Hier treffen Innovationsansätze von Kunststoff- und Metallpackstoffen zusammen und bilden in der Weiterentwicklung von Mehrschichtfolien-Verpackungen effektive Synergien. Ihre Entsorgung stellt allerdings einen erheblichen Mehraufwand dar.

Haushaltspackungen und Squeeze-Verpackungen

Abb. 4: Mit dem Red Dot Design Award ausgezeichnete hochklare Squeeze-Verpackungen (Foto: The Deli Garage/KÜREFE)

Kompostierbare Kunststoffe und Kunststoffe auf biologischer Basis

Seit 1990 forscht man in der Schweiz, in Österreich und in Deutschland intensiv an Kunststoffen, die sich durch Kompostierung vollständig zersetzen lassen, um der steigenden Entsorgungsproblematik von vollsynthetischen Kunststoffen Herr zu werden.

Halbsynthetische Kunststoffe/Biopolymere

Diese Kunststoffe entstehen durch die Modifikation natürlicher Naturfaser-Polymere (z. B. Zellulose-Blends) und sind biologisch abbaubar. Ein Problem liegt in der oft ungenügenden Wärmeformstabilität; jüngste Entwicklungen machten sogar den Spritzgusseinsatz möglich.

Biobasierte Kunststoffe

Innovative Kunststofflösungen in Sicht

Bio-Verbundmaterialien stellen einen neuen Ansatz in der Packmittelforschung dar, dem viel Entwicklungspotenzial zugesprochen wird. Durch die Fermentation von Stärke oder Zucker wird Polymilchsäure hergestellt. Sie ist allerdings im Gegensatz zu den synthetischen Kunststoffen nur bedingt thermoplastisch verformbar. Die Entwicklung biobasierter Kunststoffe wird derzeit bei Herstellern intensiviert. Der vom Chemiekonzern Du Pont seit über 20 Jahren ausgelobte internationale Packaging Award zeigt am Beispiel seiner jüngsten Preisträger aus dem Jahr 2009, dass zehn Auszeich-

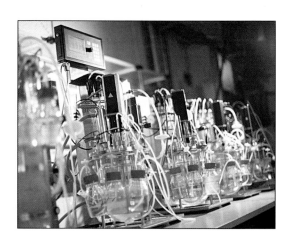

Abb. 5: Biokunststoffe in der Forschung
(Foto: TU Graz)

nungen und acht Belobigungen für nachhaltige Verpackungsinnovationen vergeben wurden: Netzsäcke aus Cellulosefasern, Verpackungsfolien und -schalen aus Holzpulpe, Einkaufstüten, Klarsichtobstschalen und Joghurtbecher aus Maisstärke-Kunststoff.

Die Zunahme an Verpackungsformen geht mit einer dynamischen Entwicklung an neuen Verschlussmechaniken, -materialien und -formen einher. In den vergangenen zehn Jahren wurden neuartige Kunststoffe entwickelt, die die Verschlüsse sicherer und hygienischer machen, die Dosierung vereinfachen und ein tropfenfreies Verschließen ermöglichen. Verschlüsse mit Ventilfunktionen minimieren beispielsweise bei kohlensäurehaltigen Getränken die Explosionsgefahr. Eine Innovation stellen auch die wiederverschließbaren Dosen mit Kunststoffverschlüssen dar, die die Vorteile der Flasche mit denen der Dosenverpackung vereinen.

Neue Verschlusstechniken

Im Design von Kästen und Gebinden liegt der aktuelle Fokus auf kleinen Gebindegrößen und einer Gewichtsreduktion der Verpackungsmaterialien. Dies ist auf die demografische Entwicklung in Deutschland zurückzuführen.

3 Druck- und Veredelungstechniken

Im Folgenden werden die Hauptdrucktechniken sowie Veredelungstechniken vorgestellt, die neben der Materialauswahl maßgeblich die Verpackungsgestaltung bestimmen.

Flexodruck

Ein Hochdruckverfahren, das fast ausschließlich in der Verpackungsherstellung eingesetzt wird. Das Prinzip dieses spezialisierten Hochdrucks besteht darin, dass die druckenden Teile erhaben sind und ähnlich einem Stempel drucken. Der klassische Hochdruck ist inzwischen aufgrund seiner hohen Rüstkosten und eingeschränkten Druckqualität unrentabel geworden; der Flexodruck dagegen, der mit elastischen Druckplatten arbeitet, kann Farbe auf un-

Flexibler Oberflächendruck

ebene oder wenig saugfähige Oberflächen anbringen. Wellpappe, Kunststofffolien, Aluminiumbleche und Plastiketiketten lassen sich so leicht bedrucken. Die Bedruckung kann sowohl in Prozessfarben als auch in Volltonfarben (Sonderfarben) erfolgen.

Lettersetverfahren

Dieses aus technischer Perspektive als überholt zu bezeichnende Hochdruckverfahren wird bei der Bedruckung von Metall- und Plastikdosen wie auch -tuben eingesetzt. Farbmischungen sind nicht möglich, da die Farben in einem Arbeitsgang mit deckendem Farbauftrag auf einen Gummituchzylinder und von dort auf den Bedruckstoff aufgetragen werden.

Offsetdruck

Neue Funktionen im Offsetdruck

Das weltweit am häufigsten eingesetzte Druckverfahren. Es weist eine hohe Effizienz bei mittleren Auflagen auf, die Farben drucken mit einer leichten Transparenz und hohen Rasterauflösungen in sehr guter Druckqualität. Kennzeichnend sind die nacheinander stattfindenden indirekten Farbaufträge und die geradlinigen Druckränder. Druckende Teile und nicht zu bedruckende Teile liegen bei diesem Druckverfahren auf einer Ebene der Druckplatte, daher spricht man auch vom Flachdruck. Offsetdruckmaschinen können mit bis zu zehn Druckwerken ausgestattet sein und erreichen hohe Stückzahlen. Moderne Druckmaschinen wie zum Beispiel die Heidelberger Speedmaster werden seit kurzem auch als UV-Version[7] und als Doppellackmaschine hergestellt. Diese Offsetdruckmaschinen lassen sich für die vielfältigsten Veredelungen in nur einem Druckgang nutzen. Ein wesentlicher Nachteil für die Verpackungsherstellung liegt beim Offsetdruck in der Zusammensetzung der Druckfarben begründet: Die meisten Offsetdruckfarben sind fetthaltig und somit nicht zum Bedrucken von Kunststoffen geeignet.

---

[7] Der UV-Druck stellt eine Sonderform des Offsetdrucks dar. Dieses Verfahren setzt Druckmaschinen mit UV-Trocknung ein und bietet die Möglichkeit, auf Polyester, PVC, PET, PC, Metallicfolie und andere geschlossene Oberflächen zu drucken.

Rotationstiefdruck

Dieses Verfahren funktioniert über Vertiefungen auf der Oberfläche massiver Druckzylinder. Die Vertiefungen werden chemisch geätzt oder mittels Laser eingraviert; zum Auftragen deckender oder voluminöser Farbpigmente können die Vertiefungen gegebenenfalls vergrößert werden. Dieses Druckverfahren benötigt hohe Rüstzeiten, weist aber qualitativ die besten Druckergebnisse auf. Somit eignet sich diese Drucktechnik vor allem bei hohen Stückzahlen, wie z. B. für mehrsprachig bedruckte Verpackungen von Schokoladenriegeln.

Siebdruck

Ein Durchdruckverfahren, bei dem die Farbe durch eine belichtete Schablone auf ein feinmaschiges Siebgewebe gepresst wird. Die Vorteile des Siebdrucks liegen in seinem brillanten Farbauftrag auch grober oder voluminöser Farben (z. B. Glitterfarben) sowie im deckenden Weiß und in der Vielfalt an Bedruckstoffen, die eingesetzt werden können. Nachteile sind die relativ geringen Produktionsstückzahlen und die durch das grobe Siebraster bedingte eingeschränkte Qualität bei Halbtonbildern. Er ist für hohe Auflagen ungeeignet.

Farbenvielfalt im Siebdruck

Druckveredelung

Offset- oder Rotationsdruckverfahren führen bei Verpackungen oft zu einem weiteren Druckvorgang, der Druckveredelung. So werden bei Konfiserieprodukten, Kosmetika, Parfums und Etiketten im Mittelpreis- und Premiumsegment oft Heißfolienprägungen eingesetzt, die eine hohe Produktqualität und Exklusivität kommunizieren sollen. Auch Hoch- oder Tiefprägungen mit und ohne Farbauftrag sind Standardveredelungen bei Verpackungen. In allen Fällen werden reliefartige Erhebungen durch mechanischen Druck erzeugt, die eine hohe haptische Qualität und bei Folienprägungen wirkungsvolle Metalleffekte erzeugen.

Abb. 6: Verschiedene Folien- und Blindprägungen auf einer Pralinenverpackung
(Foto: Walther Appelt)

Dynamische Entwicklung in der Druckveredelung

Neben Folien- und Blindprägetechniken kommt der Reliefdruck zum Einsatz. Beim Reliefdruck wird auf die nasse Farbe ein transparentes Kunstharzpulver aufgetragen, das in einem Heizkanal aufquillt. Der Reliefdruck wird auch als „Stahlstich-Imitation" bezeichnet, da er eine kostengünstige Alternative zum aufwendigen Stahlstich darstellt. Weil der jeweilige Offsetfarbton durch das glasklar aufgequollene Pulver in seiner Brillanz verstärkt wird, steht das gedruckte Element im Ergebnis erhaben auf dem Papier. Der Reliefdruck kann ohne Probleme in modernen Laserdruckern eingesetzt werden, dafür wird ein laserfähiges Reliefdruckpulver verwendet. Die Reliefhöhe wird durch die Papierbeschaffenheit beeinflusst: je glatter die Oberfläche, umso höher ist das Relief. Diese Verfahren haben zum Nachteil, dass meist ein zusätzlicher Druckvorgang benötigt wird und der Bedruckstoff hitzebeständig sein muss. Aus diesem Grund verzeichnete die Kaltfolienprägung eine dynamische Entwicklung. Die Druckmaschinenhersteller Heidelberger und MAN haben bereits im Jahr 2005 unabhängig voneinander Verfahren entwickelt, die Kaltfolienveredelungen in den Offsetdruckvorgang integrieren können. Für den Folientransfer wird in zwei zusätzlichen Druckwerken zunächst ein Klebstoff und anschließend in einem Fo-

Abb. 7: Kaltfolienunter-
druck auf einer Parfum-
faltschachtel
(Foto: Andrea Hennig)

lienmodul die Kaltfolie aufgebracht. Das hohe Auflösungsvermögen dieses Verfahrens ermöglicht die Veredelung feiner Designelemente. Das Folienmodul kann anschließend mit geringer Rüstzeit wieder zum Farbwerk umgerüstet werden, ein für die Investition nicht unwesentlicher Faktor. Kaltfolienveredelungen können somit inline im Offset-Druckprozess produziert werden. Durch die Überdruckbarkeit der Folien lässt sich fast jeder beliebige Farbton herstellen. Dem Material wird dabei auch eine im Gegensatz zum Reliefdruck deutlich geringere Hitzebeständigkeit abverlangt.

Schrumpffolien bei individueller Formgebung der Verpackung

Für Kunststoffverpackungen, vor allem im Getränkebereich, bietet sich ein grundsätzlich differentes Verfahren an: der Einsatz von Schrumpffolie. Mittels Schrumpffoliengestaltung können vor allem bei ausstattungstechnisch problematischen Kunststoffverpackungen aufwendige Druckgänge eingespart werden. Das Prinzip ist einfach: Eine gestreckte Folie wird konventionell bedruckt, anschließend auf ein Verpackungsbehältnis aufgezogen und unter Wärmezufuhr in einem Schrumpfungsprozess der Verpackungsform angepasst. Kunststoffetiketten können leimlos durch Dehnen oder Schrumpfen an das Packmittel angebracht werden.

Innovative Gestaltungen durch Schrumpffolien

Abb. 8: Beispielhaftes Design einer Schrumpffolienanwendung (Foto: Walther Appelt)

Vor- und Nachteile   Die Vorteile von Schrumpffolien sind offensichtlich: Die Folie passt sich jeder Formgebung an, sie lässt sich deckend bedrucken. Der Druck entspricht den allgemeinen Qualitätsansprüchen. Die optischen Verzerrungen durch den Schrumpfungsprozess müssen allerdings in der Druckproduktion eingeplant werden. Als problematisch kann sich in diesem Verfahren auch die Wiedergabe zuvor geprägter oder partiell vertiefter Verpackungsteile erweisen.

Exzellente Verpackungen für die Zukunft

Der Einsatz lumineszierender Farben und verbesserter Inline-Drucktechniken gilt gewissermaßen als „Standardanforderung" bei Neugestaltungen. Thermochrome Verpackungen[8] zeigen bei Convenience-Produkten durch temperatur-reaktive Farben der Schrumpffolie oder die direkte Bedruckung auf der Dose die Temperatur des

---

[8] Thermochrome Verpackungen verändern bei Erwärmung ihre Farbe, nach dem Abkühlen nehmen sie ihre ursprüngliche Farbe wieder an.

Inhalts an. Eine weitere Entwicklung stellt die Zweikammerdose (Fresh-Can-Dose) dar, meist mit Selbstkühl- oder Schäumeffekt, die sich bisher aber nicht zu einem Absatzgenerator entwickeln konnte.

Zum Abschluss sei ein Blick auf Innovationsimpulse anderer Branchen gestattet. Gerade in der Architektur, im Möbeldesign und der Innenraumgestaltung haben völlig neue Materialien längst Eingang gefunden. Man mag sich als Designer oft wundern, warum die Verpackungsindustrie um so vieles konventioneller agiert. Ein Grund hierfür kann sein, dass die Verpackungsindustrie dem Massenkonsum verpflichtet ist. Trotzdem sollten Marketingverantwortliche wie auch Verpackungsdesigner regelmäßig einen Blick in die Materialwelten und -ressourcen der oben genannten Branchen wagen. Eine hervorragende Adresse für Information und Inspiration ist die haptische Materialbibliothek des Beratungsunternehmens Material Connexion in Köln, die aktuell über 4.500 Materialmuster bereithält.[9] Architekten und Produktdesigner, aber auch Künstler oder Marketingfachleute nutzen diese Bibliothek.

Viele neue Lösungen, zu wenig Risikobereitschaft?

Quellen

Oertel, Dagmar/Petermann, Thomas/Scherz, Constanze (TAB): Technologische Trends bei Getränkeverpackungen und ihre Relevanz für Ressourcenschonung und Kreislaufwirtschaft, http://www.tab.fzk.de/de/projekt/zusammenfassung/hp9.pdf, 26.02.2010

Feve: Consumer Preference & Packaging in Europe, http://*www.feve.org/…/FEVE_Packaging_Press%20conference_COUNTRIES_V1.ppt*, 26.02.2010

Material Connexion: Library Access, http://de.materialconnexion.com/Main/Library/tabid/138/Default.aspx, 26.02.2010

Rasselstein: Future Symposium 2009 in Andernach/Rhein, http://www.rasselstein.com/fileadmin/pdf/presse/Future_Symposium_deutsch.pdf, 26.02.2010

---

[9] Material Connexion: Library Access, http://de.materialconnexion.com/Main/Library/tabid/138/Default.aspx, 26.02.2010

Kapitel 11
Verpackungsforschung – Ein Interview mit Prof. Dr. Horst-Christian Langowski, Leiter des Fraunhofer-Instituts für Verfahrenstechnik und Verpackung (Fraunhofer IVV), Freising

Thordis Eckhardt

In diesem Kapitel wird anhand eines Experten-Interviews der Frage nachgegangen, was Verpackungsforschung bedeutet und welchen Stellenwert sie in Wissenschaft und Praxis einnimmt. Im Speziellen wird der Zusammenhang erläutert, inwiefern Verpackungsforschung einen Beitrag zur Entwicklung neuer Verpackungen und zur Sicherheit von Lebensmitteln leistet. Praktische Beispiele aus Industrie, Wissenschaft und Forschung runden die Darstellung ab. Als Interviewpartner steht Prof. Dr. Horst-Christian Langowski, Leiter des Fraunhofer-Instituts für Verfahrenstechnik und Verpackung (Fraunhofer IVV), Freising, bereit.

Abb. 1: Prof. Dr. Horst-Christian Langowski im Fraunhofer-Institut Institut für Verfahrenstechnik und Verpackung IVV, Freising.
(Quelle: Fraunhofer IVV, Freising)

Prof. Dr. Langowski, Sie stehen dem Fraunhofer-Institut für Verfahrenstechnik und Verpackung (Fraunhofer IVV) in Freising seit 2004 als Leiter vor. Womit beschäftigt sich das Fraunhofer IVV, und wodurch zeichnet es sich im Vergleich zu anderen Forschungseinrichtungen aus?

Leistungen des Fraunhofer IVV

Horst-Christian Langowski: Als Forschungsinstitut in der Fraunhofer-Gesellschaft beschäftigen wir uns mit der Entwicklung von Verpackungsmaterialien. Besonderes Augenmerk haben wir auf Kunststoffmaterialien wie Folien mit funktionalen Eigenschaften gelegt. Hier erforschen und entwickeln wir spezielle Materialeigenschaften, die die Funktionalität der späteren Verpackungen verbessern. Weiterhin bewerten wir neue und bestehende Verpackungsmaterialien auf ihre Eignung für eine optimale Qualität der verpackten Lebensmittel und auf ihre Konformität mit lebensmittelrechtlichen Bestimmungen. Der Schwerpunkt unserer Arbeit liegt auf vielfältigen Untersuchungen zu den Wechselwirkungen zwischen Verpackungen und ihrem Inhalt. Diese Kombination als zentrales Forschungsthema ist weltweit einzigartig und stellt unser Alleinstellungsmerkmal dar.

Welche forschungsrelevanten Zusammenhänge bestehen zwischen Lebensmitteln und Verpackungen? Sollte ein Institut auf beide Bereiche spezialisiert sein?

Verpackungstechnische Eigenschaften

Horst-Christian Langowski: Der Zusammenhang zwischen Lebensmitteln und Verpackungen besteht darin, dass sich aufgrund der Kenntnisse verpackungstechnischer Eigenschaften feststellen lässt, wie lange ein Lebensmittel in der Verpackung haltbar ist. Ein Beispiel für eine solche Materialeigenschaft ist die Sauerstoffdurchlässigkeit, die unter anderem darüber entscheidet, zu welchem Zeitpunkt ein fetthaltiges Lebensmittel in der Verpackung beginnt, ranzig zu werden. Entsprechend der gewünschten Mindesthaltbarkeitsdauer eines Produktes wird ein spezielles Verpackungsmaterial benötigt. An dieser Stelle setzt unsere Forschung an.

Welche Bandbreite an Forschungsaktivitäten umfasst die Arbeit des Fraunhofer IVV im Bereich Lebensmittel und Verpackung?

Horst-Christian Langowski: Die Arbeit, mit der wir uns am Fraunhofer IVV beschäftigen, betrifft die naturwissenschaftlich-technisch orientierte Form der Verpackungsforschung. Es gibt natürlich noch andere Sichtweisen, die z. B. der Marktforschung dienen oder der Konsumentenakzeptanz, die also die Frage beantworten: „Wie nimmt der Verbraucher eine Verpackung, eine Farbe oder ein Gefühl wahr?" Auf diese Fragestellungen sind andere Forschungseinrichtungen spezialisiert.

Das Fraunhofer IVV forscht rund um das Thema Verpackungsmaterialien und deren Verarbeitung. Es geht zunächst um die Frage, wie man von Ausgangsmaterialien hin zu einer Verpackung kommt. Wir beschäftigen uns dann mit dem Verpackungsprozess, also der Frage, wie ein Produkt in eine Verpackung hineinkommt. Ein weiterer, ganz wesentlicher Teil unserer Arbeit konzentriert sich auf die Frage: Was passiert mit den Produkten und Verpackungen, wenn sie beim Handel oder beim Verbraucher im Regal liegen? Welche Abbauprozesse finden hier statt? Ab wann beeinträchtigen sie die Produktqualität? Haben diese Prozesse möglicherweise Einfluss auf die Gesundheit der Konsumenten?

Verpackungsmaterialien und Verpackungsprozesse

Darüber hinaus beschäftigen wir uns mit dem sehr komplexen Prozess der Migration. Wir untersuchen dabei, welche Bestandteile unter welchen Voraussetzungen aus der Verpackung direkt in das Lebensmittel übergehen und in welcher Form das Lebensmittel diesen Vorgang beeinflusst. Im Umkehrschluss interessiert uns aber auch die Frage, welche Stoffe aus der Umwelt durch die Verpackung hindurch ins Lebensmittel eindringen. Dieser Prozess wird Permeation genannt. Wie schon gesagt, wird die Haltbarkeit der verpackten Lebensmittel oft von Sauerstoff negativ beeinflusst. Die Oxidation verändert bestimmte Inhaltsstoffe in Lebensmitteln. Infolgedessen kommt es zu Qualitätsverlusten, z. B. zu einem Mangel an Aromastoffen und Vitaminen oder zur Bildung von Fehlaromen.

Migration und Permeation

Letztendlich handelt es sich bei all diesen zwischen Lebensmittel und Verpackung stattfindenden Prozessen um Wechselwirkungen, um sogenannte Stofftransport-Prozesse.

Das Fraunhofer IVV beschäftigt sich in seiner Forschungsarbeit also mit dem gesamten Wertschöpfungsprozess einer Verpackung? Von seiner Entwicklung über die Produktion bis hin zum Konsumenten?

Stofftransport-Prozesse

Horst-Christian Langowski: Unsere Forschung setzt bei der Entwicklung und Untersuchung von Verpackungsmaterialien an, beschäftigt sich mit der Lebensmittelqualität und ihrer Wahrnehmung durch den Verbraucher und schließt mit dem Lebensende eines Packmittels ab: Neben der Forschung an Stofftransport-Prozessen untersuchen wir daher auch sensorische Verpackungsaspekte. Wir gehen z. B. der Frage nach, durch welche Abbauprodukte ein verdorbenes Lebensmittel riecht oder warum eine Verpackung Geruchsstoffe an die Lebensmittel abgibt. Unsere Aufgabe ist es dann herausfinden, um welche Stoffe es sich handelt und wie sich das Problem gezielt eingrenzen lässt. Am Lebensende eines Packmittels muss auch sichergestellt sein, dass es sich ohne Probleme verwerten lässt. Es gibt inzwischen auch Kunststoffmaterialien wie PET, die sich zu 100 Prozent recyceln lassen. An den Recyclingverfahren arbeiten wir ebenfalls mit.

Sie skizzieren uns anspruchsvolle und sehr verantwortungsvolle Aufgaben. Mit welchen wissenschaftlichen Methoden arbeiten Sie und Ihr Team am Fraunhofer IVV?

Horst-Christian Langowski: Wir wenden eine Vielzahl von Verfahren und Methoden an. Es gibt eine Reihe analytischer Methoden, mit denen wir alle wichtigen Bestandteile und Verunreinigungen in der Verpackung und auch in den Lebensmitteln nachweisen können. Wir können die Durchlässigkeit von Verpackungen für Gase wie Sauerstoff, für Wasserdampf, für Aromastoffe und für Fremdstoffe bestimmen. Das ist die sogenannte Permeations-Analytik. Oder wir messen mittels Zugprüfmaschinen und anderen Instrumenten die verschiedenen mechanischen Eigenschaften von Packstoffen, Packmitteln und Oberflächen, z. B. deren Reißfestigkeit oder Durchstoßfestigkeit.

Darüber hinaus haben wir im Institut auch die technischen und apparativen Möglichkeiten, Verpackungen selber zu produzieren. In unseren eigenen Labors und im Technikum stellen wir beispielsweise Folien her, aus denen wir im nächsten Schritt Beutel oder andere Verpackungsmittel fertigen und diese anschließend befüllen. Das Fraunhofer Institut ist also sehr gut ausgerüstet hinsichtlich Verpackungsforschung und -entwicklung bis hin zur Unterstützung der Industrie bei der Umsetzung zu marktreifen Produkten.

Die Fraunhofer Gesellschaft ist die größte Organisation für angewandte Forschung in Europa. Forschungseinrichtungen wie das Fraunhofer-Institut für Verfahrenstechnik und Verpackung (Fraunhofer IVV) haben zu ihrem weltweit guten Ruf beigetragen. Wer beauftragt eigentlich Verpackungsforschung?

Horst-Christian Langowski: Unsere Auftraggeber sind unterschiedliche Unternehmen, aber auch öffentliche Institutionen. Meist handelt es sich um Folien- oder andere Packmittelhersteller, oder um Unternehmen aus der Lebensmittelindustrie. Wir erhalten aber auch Aufträge und Gelder der öffentlichen Hand. Hier geht es dann meist um Grundlagenforschung. Häufig handelt es sich hierbei um eine gemischte Finanzierung; einen Teil der Gelder zahlt die öffentliche Hand, z. B. das Ministerium für Bildung und Forschung (BMBF), und der zweite Teil wird von einem Firmenkonsortium finanziert, das an dem Forschungsprojekt beteiligt ist. Die Forschungsergebnisse kommen dann den Verpackungs- und Lebensmittelherstellern zugute.

Auftraggeber Verpackungsforschung

Wenn Sie von Mischfinanzierungen bei der Beauftragung von Verpackungsforschung sprechen, bedeutet das, dass die öffentliche Hand und die Wirtschaft ein gemeinsames Interesse verfolgen. Das Bundesministerium für Bildung und Forschung beteiligt sich also an privatwirtschaftlicher Forschung?

Horst-Christian Langowski: In der Tat gibt es hier ein gemeinsames Interesse: Ziel der öffentlichen Forschungsförderung ist es, die Wettbewerbsfähigkeit der deutschen Industrie langfristig zu sichern. Die Investition von Forschungsgeldern aus der öffentlichen Hand hat sich in der Zwischenzeit sogar verstärkt. Seit Jahren steigt

High-Tech-Transfer hier das Interesse am Bereich Lebensmittel und Verpackung. Früher dachte man, Verpackungen seien nichts anderes als Abfall und hätten nicht viel mit Hightech-Forschung zu tun. In der Zwischenzeit hat sich diese Sichtweise verändert. Es wächst die Erkenntnis, dass sich Investitionen in den Forschungsbereich Verpackung lohnen. Viele Entwicklungen, die im Verpackungsbereich stattfanden, konnten übrigens auch erfolgreich in andere technische Bereiche transferiert werden, z. B. in den Automobilbau oder in den Bau von Gebäuden. Das neue Münchener Fußballstadion, die Allianz-Arena, ist ein Beispiel, in dem spezielle Folien-Entwicklungen für den Bau außergewöhnlicher architektonischer Objekte eingesetzt wurden. An solchen Beispielen wird besonders deutlich, was für ein Know-how hinter der Verpackungsforschung steckt.

Wie sieht das finanzielle Verhältnis der Auftragsvergabe zwischen Ministerien und Industrie aus? Wer investiert den Großteil an Forschungsgeldern?

Horst-Christian Langowski: Im langfristigen Mittel finanziert die Industrie einen etwas höheren Anteil. Dies entspricht auch dem „Fraunhofer-Modell", nach dem die Anwendungsnähe unserer Forschung durch eine erhebliche Beteiligung der Industrie unter Beweis gestellt werden muss.

In der deutschen Wirtschaft zählt die Lebensmittelindustrie zu den umsatzstärksten Branchen. Welche Rolle spielt die Verpackungsforschung in diesem Bereich?

Kosten-Nutzen-Aspekte **Horst-Christian Langowski**: Technisch betrachtet geht es in der Verpackungsforschung um Leistungen und Funktionen von Verpackungen, also um die Verbesserungen der technischen Funktionalitäten des Verpackungsmaterials. Genauso wichtig ist aber auch das Kosten-Nutzen-Verhältnis von Verpackungen, das für unsere Auftraggeber aus der Lebensmittelindustrie die entscheidende Rolle spielt. Eventuell entstehende Mehrkosten, die mit einer erhöhten Verpackungsfunktionalität einhergehen, müssen auch von den Herstellern bezahlbar sein. Oder anders ausgedrückt: Die entstandenen Zusatzkosten müssen einen Zusatznutzen schaffen, den die Konsumenten nicht nur erkennen, sondern auch bevorzugt kaufen. Stellt sich ein solcher Zusatznutzen nicht heraus, wird eine Entwicklung nicht weitergeführt. Ist der Konsument jedoch bereit, mehr Geld für die verbesserten Eigenschaften der Ware zu bezahlen, dann sind auch noch gesetzliche Anforderungen zu erfüllen. Das Unternehmen muss beispielsweise nachweisen, dass Beschichtungen, die im Innern der Verpackung aufgebracht sind, nicht ins Lebensmittel übergehen oder vom Lebensmittel angegriffen werden.

Hat sich das Fraunhofer IVV in der Forschung und Entwicklung auf bestimmte Verpackungsmaterialien spezialisiert?

Horst-Christian Langowski: Das Fraunhofer IVV hat sich ganz gezielt der Branche zugewandt, die die größte Forschungsrelevanz aufweist: der Kunststoffverpackungsindustrie. Auch hier gibt es unterschiedliche Fokussierungen, z. B. im Bereich Folien- oder Behälterherstellung. Wir beschäftigen uns überwiegend mit der Folienherstellung, weil dort die größte Material-, Kombinations- und Produktvielfalt vorherrscht.

Kunststoffverpackung

Natürlich existieren neben den Kunststoffen noch weitere Verpackungsmaterialien wie Glas, Papier, Holz oder Metall. Aber auch hier gilt: Wenn technische Entwicklungen stattfinden, dann haben sie oft etwas mit Kunststoff zu tun, meistens in Form von Beschichtungen, die die Funktionalität verbessern.

Welche besonderen Eigenschaften besitzen Kunststoffverpackungen, dass sie in der Industrie so begehrt sind? Können Sie uns Beispiele für Folienverpackungen nennen?

Horst-Christian Langowski: Kunststoffe bieten uns eine besonders leichte Möglichkeit, auf effiziente Art Verbundmaterialien herzustellen. Der Kunststoffverbund, den der Verbraucher wohl am häufigsten antrifft, sind Folien aus Polyamid und Polyethylen. Polyamid kennt der Verbraucher eher unter dem Namen Nylon. Aus Polyethylen werden normalerweise Einkaufstaschen gefertigt. Klebt man nun diese Folien aufeinander oder stellt sie so her, dass sie bereits von vornherein miteinander verbunden sind, hat man es mit einer

Verbundmaterialien

Verbundfolie zu tun. In dieser Materialkombination hat das Nylon mehrere spezielle Funktionen: Erstens gibt es dem Gefüge eine sehr große mechanische Stabilität. Polyamid ist ja bekanntermaßen einer der stabilsten Kunststoffe. Zweitens weist es eine hohe Hitzestabilität auf. Drittens bringt es auch noch eine gute Gasbarriere mit. Das Polyethylen wiederum sorgt einerseits aufgrund seiner Wasserdampfbarriere dafür, dass das Produkt wenig Wasser verliert, falls es einen hohen Feuchteanteil hat, oder auch möglichst trocken bleibt. Durch seinen niedrigen Schmelzpunkt erlaubt es uns, die Verpackung durch die Einwirkung von Hitze unter Druck zu verschließen. In der Verpackungstechnik nennen wir diesen Vorgang Siegeln. Auf diese Art werden beispielsweise Beutel verschlossen.

Einfache Verbunde: Polymaid und Polyethylen

Die Kombination aus Polyamid und Polyethylen zählt zu den einfacheren Verbunden. Sie gilt als Universalmedium, in das sich speziell in der Lebensmittelbranche viele Produkte verpacken lassen, z. B. Käse, Wurst oder Fleisch. Nach diesem Prinzip lassen sich weitere Kunststoffe je nach gewünschter Verpackungsfunktionalität in Verbundfolien integrieren. Setzen wir eine Aluminiumfolie in den Verbund mit ein, entsteht sogar eine praktisch undurchlässige Folie, die man für eine Vakuumverpackung verwenden kann, um zum Beispiel gemahlenen Kaffee abzupacken.

Welche konkreten Entwicklungen im Bereich Forschung und Entwicklung von Folienverpackungen stammen aus dem Fraunhofer IVV?

Folienbeschichtungen

Horst-Christian Langowski: Eines unserer Spezialgebiete ist die Beschichtung von Folien. Wir haben auf diese Art viele unterschiedliche Varianten von Folien mit sehr hohen Barriereeigenschaften entwickelt, die inzwischen auch in technischen Anwendungen eingesetzt werden. Oder wir entwickeln Folienmaterialien, die durch bestimmte Zusätze in der Lage sind, Sauerstoff zu absorbieren. Damit wird das verpackte Produkt länger haltbar.

Eine ganz andere Anforderung wird durch ein Verpackungsmaterial erfüllt, das in der Lage ist, im Inneren einer Verpackung eine bestimmte konstante Feuchtigkeit aufrechtzuerhalten. Das ist wichtig für die Verpackung von Obst oder Gemüse, das während des Transports oder der Lagerung nicht zuviel Feuchtigkeit verlieren soll. Verliert es zuviel Feuchtigkeit, wird es welk oder trocknet aus. Andererseits darf in der Packung auch nicht zuviel Feuchtigkeit kondensieren, weil es dann genau an den Punkten, an denen das Kondenswasser auf die Oberfläche des Gemüses trifft, zur Schimmelbildung kommt. Schimmel wächst besonders gerne dort, wo es richtig schön feucht ist. Wichtig ist also ein bestimmter Mittelwert der Feuchte im Packungsinneren. Dafür benötigen wir ein Material, das aktiv dafür sorgt, dass diese Feuchtigkeit konstant aufrechterhalten wird, das also, wenn sie unter den Sollwert sinkt, Wasser abgeben kann oder, wenn die Feuchte den definierten Wert übersteigt, Wasser aufnimmt.

Für dieses Problem haben wir eine Lösung gefunden. Wir haben in Folien Salze eingearbeitet und die Folien dann weiter so behandelt, dass die Salzkristalle in Hohlräumen vorliegen. Und wenn sich jetzt die Feuchtigkeit erhöht, kommt irgendwann der Punkt, an dem das Salz anfängt, kräftig Wasser aufzunehmen, wie mit Ihrem Speisesalz in der Küche: Bei normaler Luftfeuchtigkeit bleibt das Salz kristallin; überschreitet die Feuchte dagegen einen bestimmten Schwellenwert, dann nimmt es plötzlich viel Wasser auf und zerfließt. So verhält sich auch unsere Folie: Wir überschreiten einen bestimmten Schwellenwert an Feuchtigkeit, worauf die Wasseraufnahme rapide ansteigt. Unsere neu entwickelte Materialkonstruktion ist daher in der Lage, größere Mengen an Wasser zwischenzuspeichern bzw. es dann auch wieder abzugeben, wenn im Inneren die relative Feuchte sinkt.

Neue Lösungen

Ist diese Entwicklung schon im Markt umgesetzt?

Horst-Christian Langowski: So weit sind wir leider noch nicht. Wenn das eines Tages der Fall ist, werden die Ergebnisse mit hoher Wahrscheinlichkeit Anwendung bei Frischeprodukten wie Obst und Gemüse finden; vor allem im hochwertigeren Produktsegment wie bei Pilzen. Aktuell sind wir gerade dabei, unter Beweis zu stellen, dass unsere neueste Entwicklung auch in der Praxis funktioniert. Das technische Prinzip darzustellen ist zwar ein erster und wichtiger Schritt, aber bei Weitem noch nicht der Abschluss. Wir müssen nachweisen, dass mit der Entwicklung auch eine konkrete Qualitätsverbesserung einhergeht. Das heißt, es müssen verschiedene Produkte geprüft und in die neue Konstruktion eingepackt werden – und hierfür müssen wir für jedes spezielle Produkt die richtigen Folien einsetzen. Einen Beweis dieser Art anzutreten, dauert manchmal sehr lange Zeit – und das ist auch nicht ganz preiswert.

Forschung findet ja gewöhnlich hinter verschlossenen Türen statt; die Verbraucher sind von den Entwicklungsprozessen in der Regel ausgeschlossen. Existieren im Markt Produkte, deren Verpackungen aus Ihrer Entwicklungsabteilung stammen?

Forschung und Produktion

Horst-Christian Langowski: Nein, Verpackungen, die bei uns von A bis Z entwickelt und auch noch produziert wurden, kann es nicht geben, weil die Produktion Aufgabe der Industrie ist. Wir entwickeln Verpackungsfunktionen und die zugehörigen Materialkombinationen.

Mit unseren Entwicklungen im Verpackungsbereich sind wir bislang auch nicht so dicht an die Marktumsetzung herangekommen, wie wir das gerne hätten. Im Lebensmittelbereich dagegen konnten wir einige Entwicklungen erfolgreich abschließen, z. B. eine fettarme Wurst, die es in vielen EDEKA-Märkten zu kaufen gibt. EDEKA hat hier eine Lizenz genommen, ein Konzernbetrieb stellt das Produkt her, und es wird mit beachtlichem Erfolg verkauft.

IVV-Entwicklungen im Lebensmittelbereich

Viele Ergebnisse unserer Forschungsarbeit sind für die Verbraucher jedoch meist nicht sichtbar. Es sind Resultate, die der Verbraucher gewöhnlich als selbstverständlich betrachtet, z. B. die Tatsache, dass der Ketchup aus der Flasche fließt. Wir haben uns dafür intensiv mit der Thematik beschäftigt, wie Lebensmittel am besten wieder „entpackt" werden können, zum Beispiel, welche Möglichkeiten es gibt, den Entleerungsprozess einer Flasche signifikant zu verbessern. In diesem Fall spielen die Fließeigenschaften von Lebensmitteln auf Verpackungsmaterialien eine große Rolle. Die entsprechende Entwicklung haben wir dann in einem gemeinsamen Projekt mit der Firma Nestlé vorangetrieben. Zusammen mit unseren Kollegen am Fraunhofer-Institut IGB in Stuttgart entwickelten wir ein Verfah-

Abb. 2: Rezepturentwicklung aus dem Fraunhofer IVV: In Zusammenarbeit mit einem deutschen Lebensmittelhändler entstand ein neues Herstellungsverfahren für fettarme Wurst. (Quelle: Thordis Eckhardt)

ren, mit dessen Hilfe sehr dünne Schichten – zehn bis 20 Nanometer dick – an der Innenseite eines Behälters aufgebracht werden. Die Schichten wirken antihaftend, ähnlich der Beschichtung einer Bratpfanne.

Ein weiteres Beispiel ist das sogenannte „easy opening", das leichte Öffnen von Verpackungen. Wir erforschen und analysieren die Kräfte, die für Verbraucher nötig sind, um eine Verpackung zu öffnen. Es existieren bestimmte technische Mechanismen, mit denen sich Verpackungen leichter öffnen lassen. In diesem Zusammenhang interessiert uns vor allem die Frage, ob und wie diese Kräfte messtechnisch zu erfassen sind, damit man entsprechend hergestellte Verpackungen auch sicher klassifizieren und kennzeichnen kann.

Welches sind Ihrer Meinung nach die wichtigsten Produkt-Neuentwicklungen der vergangenen Jahrzehnte gewesen?

Neuartige Verpackungsformen

Horst-Christian Langowski: Zuerst müssen wir einmal festhalten, dass heute kaum eine Verpackung auf den Markt kommt, die wirklich neu ist. Bahnbrechende Neuerungen gibt es auf dem Verpackungsmarkt ausgesprochen selten, weil die Erprobungs- und Umsetzungsphasen und die anschließende Marktdurchdringung sehr lange dauern. Eine der wenigen wirklich neuartigen Verpackungsformen, die es in den letzen Jahren gegeben hat, war die Kunststoffflasche mit Innenbeschichtung, die überwiegend für Bier eingesetzt wird.

Kunststoffflasche mit Innenbeschichtung

Sie wurde von der Industrie entwickelt und war für ein spezielles Marktsegment gedacht. Sie hat sich vor allen Dingen deshalb auf dem Markt durchgesetzt, weil sie über ihre variable Form den Discountern Alleinstellungsmerkmale bot, nicht nur in der Erkennbarkeit für den Verbraucher, sondern bis vor Kurzem auch in der Rückgabe der pfandpflichtigen Gebinde. Bier in der Kunststoffflasche – das ist heute nach wie vor typisch für die Discounter. Bei diesem Vertriebskanal ist es auch bis heute geblieben. Das liegt sicher auch daran, dass der Kunststoff gegenüber Glas allein vom Material her nicht wirklich einen Kostenvorteil bringt. Im Gegenteil, er ist sogar teurer.

Dieses Beispiel darf aber nicht darüber hinwegtäuschen, dass es heute nur noch sehr selten vorkommt, dass sich Neuerungen kurzfristig auf breiter Basis durchsetzen. Es ist eher so, dass Bestehendes immer weiter optimiert wird, indem man z. B. Materialstärken reduziert. Das ist ständige Praxis im Bereich der Folienentwicklung, wo man es über die Jahre geschafft hat, die gleichen Funktionen mit immer dünneren Folien zu erreichen.

Schutzgaspackung

Ein anderes Beispiel einer solch evolutionären Entwicklung ist die Schutzgaspackung (Modified Atmosphere Packaging, kurz: MAP), in die man gezielt Gase einströmen lässt, um die Haltbarkeit des abgepackten Produktes zu verbessern. Die Hauptkomponente dieser Gase ist meistens CO_2, also Kohlendioxid, das auch bei der Gärung entsteht. Bei seiner Anwesenheit können die meisten Mikroorganismen

Abb. 3: Zählt zu den neuartigen Verpackungsformen: Kunststoffflasche mit Innenbeschichtung. (Quelle: Thordis Eckhardt)

in der Verpackung nicht wachsen. Die Folge: Das Lebensmittel in der Verpackung ist länger haltbar. Diese Art der Verpackung hatte man bereits vor Jahrzehnten entwickelt, sie hat sich aber erst in den letzten Jahren verstärkt durchgesetzt. Auch hier waren die Discounter die Treiber, zum Beispiel bei länger haltbarem geschnittenen Käse.

Eine etwas andere Technik hält das Frischfleisch länger rot: Es wird nicht unter CO_2-, sondern unter Sauerstoff-Überschuss verpackt. Diese Methode kennt man schon seit langer Zeit; im Markt hat sich dieses Verfahren aber erst in den letzten fünf Jahren richtig durchgesetzt.

Das bringt uns direkt zur nächsten Frage: Welchen wissenschaftlichen Schwerpunkten hatte sich die Verpackungsforschung in den vergangenen Jahrzehnten verschrieben?

Horst-Christian Langowski: Ein durchgängiger Schwerpunkt seit den 1980er-Jahren war meiner Meinung nach die lebensmittelrechtliche Konformität von Kunststoffen. Also die Beantwortung der Frage, welche Substanzen aus den Kunststoffen herauskommen und die Identifikation von Gegenmaßnahmen. Vor weit über 30 Jahren hatten wir überwiegend Weich-PVC als Folienmaterial. Entsprechend fand man in vielen Produkten die sogenannten Weichmacher vor, vor allem in stark fetthaltigen Käse. Damals gab es auch den begründeten Ratschlag an den Verbraucher, einen im Geschäft gekauf-

Wissenschaftliche Schwerpunkte

Lebensrechtliche Konformität

ten Käse möglichst schnell aus der Einschlagfolie herauszunehmen. Aufgrund dieser negativen Erfahrung hat es in der Europäischen Union ganz neue Regelungen über die Quantität von Materialstoffen gegeben, die aus den Kunststoffen herauskommen dürfen. Diese Entwicklung ist bei uns in den letzten Jahrzehnten immer weiter vorangegangen. In der Folge sind alle Kunststoffe, die sich heute im Markt befinden, viel sauberer und reiner als vor drei Jahrzehnten. Heute darf die Industrie nur noch Materialien einsetzen, die in einer sogenannten Positivliste stehen. Die Positivliste wird von der Europäischen Union veröffentlicht. Jede Substanz in dieser Liste wurde geprüft und auf ihr Gesundheitsrisiko für den Verbraucher bewertet. Für jede Substanz sind Höchstmengen vorgegeben, die in das Lebensmittel übergehen dürfen. Diese Prüfungen werden übrigens auch in unserem Haus durchgeführt, und unsere Wissenschaftler sind Mitglieder in den internationalen Gremien, die die Empfehlungen an die Gesetzgeber ausarbeiten.

Genau dieser Punkt hat in den letzten 30 Jahren sehr großen Anteil an der Verpackungsforschung gehabt, mit positiven Effekten für den Verbraucher. Man denkt und misst viel sorgfältiger und legt großen Wert darauf, neue, gesundheitlich unbedenkliche Materialkombinationen zu entwickeln und anzuwenden.

Wagen wir einen Blick in die Zukunft: Wohin geht der Verpackungstrend in den kommenden 30 Jahren?

Convenience

Horst-Christian Langowski: Eine der wichtigsten Entwicklungen stellt das Thema Convenience dar. Der Forschungstrend geht in Richtung von Verpackungen, die den Verbrauchern mehr Qualität, Komfort und Bequemlichkeit in der Anwendung bieten. Zum Beispiel die schon erwähnte Käseverpackung, in der der Käse in Scheiben geschnitten vorliegt. Der Konsument muss nur noch den Deckel der Verpackung aufziehen – das Produkt liegt portioniert zum Verzehr bereit, die Packung kann wieder verschlossen und im Kühlschrank gestapelt werden.

Aber wo liegt hier genau das Problem, den Käse zu schneiden, eine Folie dazwischenzulegen und das Produkt zu verpacken? Was ist so revolutionär neu an dieser Entwicklung?

Horst-Christian Langowski: Wie die meisten Anwendungen im Verpackungsbereich – und im Übrigen auch viele andere technische Innovationen – ist die Entwicklung nicht revolutionär, sondern neu in der Kombination verschiedener Merkmale: Das Neue daran ist, gleichzeitig den Deckel wieder verschließbar zu gestalten, das Produkt unter Schutzgas, also CO_2-Überschuss, zu verpacken, damit der Käse länger frisch bleibt und nicht schimmelt, und schließlich, die Packungen formstabiler zu machen, damit sie im Kühlschrank besser stapelbar sind. Allerdings werden Sie selbst in der täglichen Praxis erlebt haben, dass in den einzelnen Funktionen noch viele Verbesserungsmöglichkeiten schlummern.

Kombination verschiedener Merkmale

Abb. 4: Länger haltbar durch Verpackungsinnovation: Produkte werden unter Schutzgas (CO_2-Überschuss) verpackt, um eine längere Haltbarkeit zu gewährleisten. Folien spielen hierbei eine wesentliche Rolle. (Quelle: Fraunhofer IVV, Freising)

Wenn wir bei diesem Beispiel bleiben: In den nächsten Jahrzehnten wird man kontinuierlich die Möglichkeiten für den Wiederverschluss und die Stapelfähigkeit verbessern und dabei – so paradox das klingen mag – gleichzeitig die Wandstärken für die Packungen reduzieren. Auch die Portionierung und verbesserte Haltbarkeitsdauer von Produkten ist aufgrund der demografischen Struktur eine zwangsläufige Entwicklung. Diese Forschungstendenz ist schon seit längerer Zeit ein Dauerbrenner und wird es in Zukunft auch bleiben.

Konsumentenanforderungen Prognosen über die Geschwindigkeit des technischen Fortschritts leiden vor allem unter der Unsicherheit, wie schnell der Konsument neue Verpackungsfunktionalitäten annimmt. Von seiner Akzeptanz hängt es jedoch ab, ob Forschung und Entwicklung für ein bestimmtes Produkt weiterbetrieben werden oder ob man sie einstellt, weil man keine Notwendigkeit sieht, das Produkt zu verändern.

Vielen Konsumenten fallen Neuerungen auch gar nicht auf. Sie entdecken zum Beispiel nicht, dass Verpackungen wieder verschließbar sind, weil sie damit gar nicht rechnen. Erst wenn die Verbraucher verstanden haben, dass eine neue Verpackung oder auch ein Verpackungsdetail für sie einen Mehrwert darstellt, dann gehen Industrie und Forschung den nächsten Entwicklungsschritt.

Die Autoren

Thordis Eckhardt

Thordis Eckhardt ist Journalistin und PR-Beraterin. Sie volontierte bei der Emder Zeitung und arbeitete als Redakteurin und freie Journalistin bei verschiedenen Printmedien in Deutschland und Brasilien. Von 1996 bis 2000 studierte Eckhardt Romanische Philologie, Psychologie und Politik an den Universitäten Greifswald, Münster und Oviedo/Spanien mit Abschluss Magister Artium. Es folgten journalistische Aufträge beim Hörfunk, u. a. beim Norddeutschen Rundfunk, Landesstudio Vorpommern und beim spanischen Sender „Radio Vetusta" sowie in den Pressestellen der Hochschulen. Im Jahr 2002 gründete Eckhardt die inhabergeführte PR-Agentur otexto – Kommunikation & PR, Köln, mit Schwerpunkt Unternehmenskommunikation, Presse- und Öffentlichkeitsarbeit. Seit 2007 ist Thordis Eckhardt an der Macromedia Hochschule für Medien und Kommunikation, Campus Köln, mit der Dozentur „Public Relations" im Studiengang Medienmanagement beauftragt. Sie lehrt ferner im Fachbereich Journalistik theoretische Grundlagen und praktische Anwendungsfelder der Unternehmenskommunikation.

Prof. Andrea Hennig

Die Diplom-Designerin Andrea Hennig ist als Professorin für Mediendesign an der Macromedia Hochschule für Medien und Kommunikation (mhmk) in Stuttgart tätig. Parallel zu dieser Tätigkeit entwickelt sie Designlösungen und POS-Konzepte für Kunden wie Adidas Global Retail, O_2, Metzler Nigura sowie für namhafte Agenturen.

Die gelernte Buchbinderin war nach dem Kommunikationsdesign-Studium bei den Werbeagenturen Damm, Frankfurt am Main, Select NY und Neuland Communications als Art Directorin u. a. für Premiummarken wie Bogner, Davidoff, Lancaster und Bvlgari verantwortlich. Zudem gestaltete sie die Kampagne 2000 sowie den EXPO-Auftritt der Landesregierung Rheinland Pfalz.

2004 kam sie als Creative Director Art zu Schultze. Walther. Zahel (SWZ), wo sie u. a. für die Kunden Schöller-Nestlé, Zentis, Wrigley, N-ERGIE und Novartis das kreative Produkt der Agentur führte.

Nach der Geburt ihrer Tochter absolvierte sie ein Promotionsstudium in Kunstpädagogik und war bis zu ihrer Berufung nach Stuttgart auch als Mediendesign-Dozentin an der Dualen Hochschule Baden-Württemberg im Studiengang Mediendesign tätig.

Christoph Jung

Christoph Jung ist gelernter Kaufmann und Werbefachwirt. Bevor er 2005 die inhabergeführte Produktionsagentur Traffic in Frankfurt am Main gründete, leitete er sechs Jahre lang die Print- und Werbemittel-Produktion des Agenturnetzwerks Select NY.

Heute ist er geschäftsführender Gesellschafter der Traffic Productions GmbH, einer Kommunikations- und Produktionsagentur mit Hauptsitz in Berlin und Niederlassungen in Frankfurt am Main, Hamburg, New York und Hongkong. Daneben verantwortet er einen Online-Printshop. Für Materialinnovationen ist er weltweit unterwegs und geht manches, meist erfolgreiches Produktionsexperiment ein. Zu seinen Kunden gehören u. a. Wunderkind, Marc Aurel, Swarovski, der WWF, Nature Friends, Marlies Möller, Radisson und Mövenpick.

Dr. Sonja Kastner

Dr. Sonja Kastner studierte Gesellschafts- und Wirtschaftskommunikation an der Universität der Künste Berlin. Sie arbeitete bei Pixelpark Berlin für Mittelständler und globale Marken in den Bereichen Konzeption und Text. Seit 1998 ist sie freiberuflich als Kommunikationsberaterin und Texterin tätig. Promotion zum Thema Sound Design und Branding. Seit 2007 wissenschaftliche Expertisen und Projektentwicklung in den Bereichen PR und Kommunikationsmanagement. Dr. Sonja Kastner nimmt Lehraufträge für Verbale Kommunikation und Strategische Kommunikationsplanung an verschiedenen Hochschulen in Deutschland wahr.

Prof. Dr. Christina Vaih-Baur

Prof. Dr. Christina Vaih-Baur war nach dem Studium der Gesellschafts- und Wirtschaftskommunikation an der Universität der Künste (UdK) Berlin in der Unternehmenskommunikation eines internationalen Konzerns sowie bei einer führenden, global agierenden Kommunikationsagentur tätig. Im Anschluss daran forschte sie als wissenschaftliche Mitarbeiterin an der UdK Berlin und promovierte im Bereich multisensuelle Produkt- und Markengestaltung. Sie berät Organisationen in den Bereichen Markenführung und -kommunikation, war Lehrbeauftragte an verschiedenen deutschen Hochschulen und Universitäten und ist Professorin für PR und Kommunikationsmanagement an der Macromedia Hochschule für Medien und Kommunikation (MHMK) in Stuttgart.

Edition Lebensmittel Zeitung

STI Group (Hrsg.)

Greif zu und kauf mich!
Displays als Erfolgsmotor
für Marken und Handel

Move people to buy more
Displays build brands in-store

300 Seiten,
deutsch, englisch,
gebunden mit Schutzumschlag,
zahlreiche, durchgehend
vierfarbige Abbildungen

ISBN 978-3-86641-216-3   89 €

Erfolgreiche Warenpräsentation am POS

Der beeindruckende Bildband spannt einen
Bogen über 50 Jahre Markengeschichte
am Point of Sale. Internationale Experten
aus Wissenschaft, Markenartikelindustrie,
Handel und der Kommunikationswirtschaft
beleuchten die POS-Kommunikation von
gestern, heute und morgen und geben Ein-
und Ausblicke in Entwicklungen und Trends.

- Die Ursprünge des Displays und die Entwicklung des POS-Marketings
- Markenführung am Point of Sale
- Shopper Insights – Was Kunden bewegt
- Point of Purchase-Marketing
- Die Effizienz von POS-Maßnahmen
- Das Display der Zukunft
- Der POS der Zukunft

Online-Shop: www.dfv-fachbuch.de